授信模式・合規風險・外匯

外資銀行
中國業務實務

| 系列 6 |

台資銀行大陸從業人員交流協會◎著
富拉凱資本股份有限公司◎編

導讀

　　中國經濟近年的變化，既讓外資銀行在中國市場遭遇挑戰，卻也為外資銀行提供巨大商機，重點在於外資銀行在中國掌握了多少法律法規與政策變化，而「外資銀行中國業務實務」系列叢書，便是在這樣的主軸下，連續五年為外資銀行分析最新法規與官方政策，期待透過整理與分析，為外資銀行進一步打開中國市場，降低在中國的銀行業務風險盡一份心力。

　　本書延續過去系列強調「實務」的傳統，在最新法律、外匯、自貿區、融資案例、財稅規定等領域中，以一百篇專題形式進行系統性介紹，相信能為外資銀行在中國市場開疆闢土，提供直接又有效的對策。

富拉凱投資銀行董事長

劉芳榮

目次

第一篇

法律

【1】銀行借款資金歸還關聯企業借款的審查重點

關聯企業之間借款在實務中經常會發生，比如母公司替子公司代墊款項，或者直接以借款的方式提供資金。從2015年9月1日起，中國大陸最高人民法院已有條件承認，法人與法人之間民間借貸的有效性。只要不屬《最高人民法院關於審理民間借貸案件適用法律若干問題的規定》（法釋〔2015〕18號）第十四條規定的以下無效情形，企業之間借款關係合法有效：

（一）套取金融機構信貸資金又高利轉貸給借款人，且借款人事先知道或者應當知道。

（二）以向其他企業借貸或向本單位職工集資取得的資金，轉貸給借款人牟利，且借款人事先知道或者應當知道。

（三）出借人事先知道或者應當知道借款人借款用於違法犯罪活動，卻仍然提供借款。

（四）違背社會公序良俗。

（五）其他違反法律、行政法規效力性強制性規定。

如果客戶的融資目的是為了償還其向關聯公司的借款，對此銀行是否可以承做？

從現有的法律規定和銀監文件來看，並沒有限制銀行融資資金用途為償還關聯企業借款，而且也不會因為企業之間借款無效從而導致銀行借款合同無效。

但是僅憑關聯企業之間的借款合同和帳面記載，並不能確認關聯企業之間的借款行為是否真實發生，是否持續有效。借款人有可能以歸還關聯企業借款為藉口，使關聯企業一次性取得融資資

金,而規避了銀行對融資資金的監管,將資金套用於其他用途。

因此,銀行應進一步審核和追蹤之前發生的關聯企業借款資金的真實用途,確保借款資金真實用於補充企業營運資金或固定資產投資,以降低授信風險。

由於關聯企業之間借款,不像銀行融資有專門的借款帳戶和還款帳戶,而是關聯借款資金和借款企業自有資金混同在一起,實務上銀行很難判斷關聯借款資金的真實用途。同時,對於關聯企業相互參股的情況,尤其要重點關注,防止出現資本虛增、實際還款能力不強等問題。因此,要非常慎重地評估借款人是否有充足的還款能力和意願,對貸款、擔保進行實質性審查,發現疑點一定要刨根問底,避免關聯企業利用這種方式套取銀行貸款資金。

如果銀行承做了此類業務,也必須注意在借款合同中明確約定:在借款還清之前,未經銀行同意,借款人不得再向關聯企業借款,或者將主要資產轉讓或設定擔保予第三人,否則借款人向銀行所借款項視為全部立即到期,若造成銀行損失,還應承擔賠償責任。合同約定借款人不得再向關聯企業借款的目的,是防止借款人優先償還股東借款,進而造成銀行債權損失。為進一步防範借款人違約向關聯企業或者股東提供借款,銀行可以要求股東或者關聯企業出具關於債權居次同意書,防止出現債權懸空的不利局面。

【2】併購貸款業務機會分析

2008年版的《商業銀行併購貸款風險管理指引》僅允許法人銀行開展併購貸款業務，2015年銀監會對《商業銀行併購貸款風險管理指引》進行修訂，自2015年2月10日起，放寬外國銀行分行可以開展併購貸款業務，但銀行從事併購貸款應當制定併購貸款業務流程和內控制度，並事先向當地銀監局報告。

銀行併購貸款涉及的併購交易類型，主要包括：

1. 受讓現有股權：收購方通過受讓目標公司股東的股權，實現股東結構改變，使新股東取代老股東而得以控制目標公司。

2. 認購新增股權：主要適用於目標公司增資擴股的情形。

3. 收購資產：收購方對目標公司的全部或實質性資產，進行收購並運營。

4. 承接債務：收購方向併購目標的原債權人支付承接債務的資金，最終實現對目標公司的控制，取得資產所有權和經營權。

目前中國大陸IPO規則，要求上市公司的業務與其控股股東或實際控制人所控制的其他企業之業務，不得相同、近似，否則可能構成同業競爭。擬上市主體為消除現存或潛在的同業競爭和利益輸送問題，以免妨礙上市進程，通常在上市之前會對相關公司的股權架構進行調整，其中涉及同類型企業的併購，恰恰是銀行併購貸款業務的營銷方向所在。因此，銀行可重點關注擬上市的公司，尋求併購貸款業務機會。股權架構梳理時，若涉及境外股東，中國大陸分行還可以聯合境外的聯行合作，開發適合於跨境收購的併購貸款產品。

當然，銀行在承做併購貸款時，可以適當考慮交叉營銷履約保函和併購資金監管業務，如下圖。

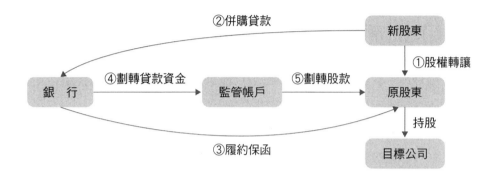

在股權轉讓過程中，為消除轉讓方是否能順利取得股權轉讓款的疑慮，提供併購貸款的銀行可藉提供銀行擔保的方式，向轉讓方出具履約保函，並將併購貸款資金存放入轉讓方和受讓方共同監管的股款資金監管帳戶，以確保將來在完成交割後，受讓方將併購資金足額支付給轉讓方，確保轉讓方的利益。

另外，產權交易所這個平台，是銀行尋找併購貸款機會的一個管道，產權交易所可以向銀行推薦符合條件、有併購融資意向的企業。這比銀行大海撈針地尋求目標客戶模式更有針對性，因此銀行借助產權交易所提供的併購項目資訊，挖掘併購貸款機會，是最直接有效的方式之一。

由於併購交易的複雜性和具一定高風險性的特徵，併購貸款利率普遍較高，通常可以在基準利率基礎上上浮30%以上，再加上銀行可能為企業提供了具有實質性成果的諮詢服務，為此可以收取一定比例的財務顧問費，因此銀行可獲取較為不錯的收益。

【3】併購貸款風險控制分析

基於併購類貸款的高風險性，此類貸款管理強度必然高於其他貸款種類，必須對併購的動態過程進行全程監控。

銀行對併購貸款風險控制的具體措施，體現在以下方面：

一、貸前審查

銀行必須對併購交易架構的可行性進行評估，對併購方案的合法合規性進行審查。比如，在海外併購中，銀行必須對併購方是否符合東道國法律規定的資格進行盡職調查；審查併購交易是否已經按照法律法規的規定，辦理必要的審批、履行必要的登記手續；法律法規對併購交易的資金來源，是否有限制性規定；併購交易融資架構是否符合當地法律、外匯法規的規定等。

二、通過併購貸款合同條款預防潛在風險

銀行貸款合同條款應體現對併購貸款資金的全面、實時監控，防止合同上的疏漏危及銀行債權的風險。比如，合同條款中必須突顯銀行對貸款的監控以及提前收回貸款的權利。具體表現如下：

1. 對併購方和目標企業的重要財務指標進行約定，即有約束性條款。其中重要財務指標主要包括：企業有形資本淨資產、流動比率、償債保障比率、槓桿比率、淨資產負債比率、淨現金流最低值要求等。

2. 強制提前還貸條款。比如，借款人獲得額外現金流（例如

處分擁有的股份獲得的收入、公開發行獲得的收益、目標公司分配股利），應用於提前還款；擔保人未按約定簽署或交付相關擔保文件時，銀行有權要求借款人提前還款；完成收購後，借款人持有的目標公司的股份比例沒有達到約定比例時。

3. 約定提款條件。比如併購方自有資金已足額到位，並進入銀行監管帳戶，銀行監控併購貸款資金按併購貸款合同約定的支付方式分期支付。每次提款前，銀行應核實貸款法律、政策有無發生變化；是否出現影響交易的意外情況，進而決定是否停止繼續撥放貸款。

4. 銀行知情權和同意權。對於併購交易中涉及的一般資訊，應確保銀行具有知情權，比如：要求借款人、目標企業、擔保人定期報送企業的財務報告。對於涉及的重大事項，應確保銀行同意權，比如：重要股東的變化、重大投資項目的變化、市場和客戶的重大不利變化、重大資產出售、產生新的重大債務或對外提供擔保等。

三、防止擔保落空

併購貸款的擔保方式，通常為目標公司的股權質押或資產抵押、併購方實際控制人信用擔保。銀行同樣可以對擔保人的財務指標進行約束。

四、貸後管理

因併購貸款的最長貸款期限為七年，所以貸後管理持續時間長，也比較複雜。一般實行專人專項管理，並定期（每季度）將

項目貸後執行情況做成書面報告，及時掌握借款人、目標企業的真實財務狀況。

　　須重點檢查：併購貸款合同的履行情況；併購交易的實施進度；併購方及目標企業公司治理結構變動情況；借款人還本付息和未來現金流的現實情況及預測分析；對擔保品定期進行價值評估，分析擔保品的處置和變現能力。

　　如果遇到風險預警信號，比如交易被宣布無效、貸款用途未按約定使用、交割出現障礙導致併購方不能對目標公司實施有效實際控制，則應立即採取相應措施，以有效保障銀行貸款資金安全。

【4】供應鏈融資中保理業務（上）──供應商融資

供應鏈金融是商業銀行信貸業務之一，是一種將供應鏈上的核心企業及其相關的上下游企業做為一個整體，為供應鏈上的供應商、製造商和經銷商這類中小企業提供的融資管道。

實務中，銀行可能會遇到這樣的情況，即與銀行直接發生往來的是供應鏈金融中的核心客戶，銀行對該優質客戶有一定金額授信，然而該客戶因為資金管道來源充沛，從未動用銀行提供的授信額度，但核心客戶的上游供應商，大多是中小企業，從一般管道難以獲得銀行資金支援。銀行根據「供應鏈」行銷思路，以核心客戶的上游供應商為保理行銷的目標客戶，以占用優質買方客戶授信額度的方式，解決中小型賣方客戶因信用評級相對較低而難以取得授信額度的問題。比如，醫院與其上游藥品流通業；電信運營商與其上游電信設備供應商。銀行可以重點圍繞宏觀調整政策所扶持的行業、區域、客戶，和符合的供應鏈上下游企業，開展行銷。

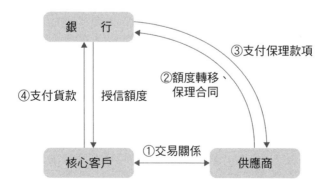

　　如果銀行直接對中小型的上游供應商提供融資，由於這些客戶規模較小，也沒有擔保，存在一定風險。但如果依託下游商業夥伴（核心客戶）的強大付款實力，銀行可以為此類客戶提供保理融資，以下游優質買方做為風險管理的抓手（著力點）。如左頁圖所示，銀行可以利用核心客戶在銀行充裕的授信額度，在該客戶確認下游供應商的有關應收帳款真實性，並確認放棄貨物買賣爭議的前提下，為供應商提供保理融資。

判斷應收帳款品質的指標

　　銀行考量應收帳款品質的重要指標，是供應商是否為優質買方客戶不可或缺的供應商，這樣才不會出現買方拒付貨款的風險。比如，對飲料製造廠商來說，原汁供應商是最核心的供應商，基本上不可替代，其次是包裝公司，因為更換成本高，因此同樣不會被輕易替代，這樣的應收帳款品質會比較高。

　　通常而言，不易引起爭議的應收帳款，主要包括：汽車零組件、電子原組件、原物料、包裝材料、藥品。在買賣合同中，必須注意不存在寄售、安裝證明、分期付款、權利保留、禁止轉讓等條件。

　　銀行要求買方將應付帳款直接付至賣方在融資銀行開立的帳戶中，以確保保理款項順利收回，但實務中經常發生如下情形：

　　1. 買方將應付帳款直接付至賣方結算帳戶，而不是匯往銀行指定的賣方收款帳戶。

　　2. 買方未將全部應收帳款項下全部款項支付給融資銀行，而是按照融資銀行額度，匯款帳戶的匯款金額僅限於銀行的融資金

額。比如，交易合同金額100萬人民幣，賣方與銀行的保理授信額度為人民幣80萬，則賣方可能通知買方僅將80萬轉入賣方在融資銀行的指定帳戶，而剩下20萬則仍匯給賣方的其他帳戶。

對此，銀行應告知賣方（轉讓方），應收帳款為整理轉讓，買方應將款項全部支付至指定的回款帳戶，由銀行扣除保理融資金額後，將餘款劃付給賣方。

供應鏈金額供應商融資中，銀行在選擇下游客戶時，應盡量選擇有較強的供貨能力、信譽較好的企業，以減少貿易糾紛，從而確保保理業務的安全；另一方面，如果承做的是有追索權的保理，即便買方付款出現問題，銀行仍可以向賣方追索，防止銀行債權損失。

【5】供應鏈融資中保理業務（下）──經銷商融資

供應鏈金融中，銀行除了可以為核心企業的上游供應商提供融資外，同樣可以為下游經銷商提供保理業務支援。

實務中，銀行可能會遇到這樣的情形，也就是銀行直接往來的品牌客戶對其經銷商存在應收帳款，為美化財務報表和簡化管理的需要，品牌客戶擬將這些應收帳款全部轉讓給銀行。但銀行對經銷商開展保理的障礙，在於經銷商家數眾多，財務狀況和擔保能力各有不同，短期內銀行不可能對上百家經銷商一一核定授信額度。

一、具體操作

對此，解決方案是運用保險和保理結合，解決銀行對諸多經銷商的授信困難。具體操作如下：

1. 品牌客戶做為賣方，向保險公司投保「買方（經銷商）信用保險」。

2. 品牌客戶與銀行簽訂保理協議，銀行買斷對經銷商應收帳款。

3. 與此同時，品牌客戶、銀行、保險公司簽訂《保險賠款權益轉讓協議》，使銀行成為保單賠款權益的受讓人。

4. 品牌客戶通過保理協議的約定，在帳期到期前提前獲得了貨款。

5. 應收帳款到期後，經銷商向保理銀行支付貨款。保理銀行扣除保理融資後，將剩餘款項支付給品牌客戶。

二、融資模式

融資模式如下:

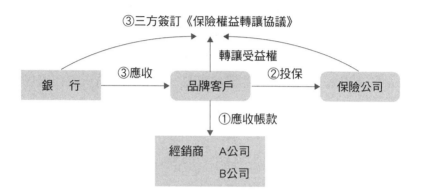

保險公司承做信用保險和銀行承做保理業務時,對債務人的考量角度不同。保險公司精算的是買方出險概率,使用的是大數法則,即買方數量越多,風險就越分散,出險的概率就越低。而銀行對債務人核定授信額度時,則採用逐一評定模式,重點考慮的是債務人的還款能力,比如生產工藝、生產能力、產品市場狀況、生產經營狀況、產品與市場匹配度、管理層狀況、財務風險、擔保品等各方面。因此,很容易造成應收帳款本身品質高,但因授信客戶本身的授信評級不佳而喪失業務機會的可能。

保險公司提供的貿易信用保險,是一種對貿易產生的應收帳款壞帳和拖欠付款進行的保險。承保風險事故包括買方因破產、清盤等原因造成的無力清償,以及買方長期拖欠(自被保險人通知保險公司存在逾期帳款後起算等待一百八十天)。當出現保險事故時,由保險公司賠付損失。

　　賣方（品牌客戶）將與買方（經銷商）交易所產生的應收帳款轉讓給保理銀行後，一併將購買的信用保險所涉的賠款權益轉讓。當保理銀行受讓的應收帳款無法得到償付時，賣方指示保險公司將保單項下的賠款轉入保理銀行帳戶，保險賠款可以抵償銀行信貸的損失。因此，保理銀行可善用信用保險和保理結合的模式，解決下游中小企業的融資難題。

【6】銀行金融債權風險防控中
善用公證書發揮強制執行效力

公證書不僅具有證明法律行為真實且合法的作用，更可以成為銀行催討債權的利器。

以往銀行在債權回收和處置時，通常會先經過冗長的訴訟或仲裁程序，取得生效判決書或者裁定書，再以此做為執行名義向法院申請強制執行。銀行較少運用公證書賦予強制執行效力的方式，對債權進行確保。

所謂賦予強制執行效力的公證債權文書，是指對公證機關賦予強制執行效力的債權文書，一方當事人不履行時，由對方當事人不經訴訟程序而憑公證機關簽發的《執行證書》，直接向人民法院執行機構申請強制執行。

一、可強制執行的公證債權文書

2017年7月13日，最高人民法院、司法部、銀監會聯合發布《關於充分發揮公證書的強制執行效力服務銀行金融債權風險防控的通知》，擴大了可強制執行的公證債權文書的範圍，具體包括：

1. 融資合同，包括各類授信合同，如借款合同、委託貸款合同、信託貸款合同等各類貸款合同；票據承兌協議等各類票據融資合同；融資租賃合同；保理合同，開立信用證合同；信用卡融資合同（包括信用卡合約及各類分期付款合同）等。

2. 債務重組合同、還款合同、還款承諾等。

3. 擔保合同、保函。

4. 其他債權文書。

當然，以上這些債權文書必須符合以下條件：

1. 債權文書具有給付貨幣、物品、有價證券的內容。

2. 債權債務關係明確，債權人和債務人對債權文書有關給付內容無疑義。

3. 債權文書中須載明，債務人不履行義務或不完全履行義務時，債務人願意接受依法強制執行的承諾。該項承諾也可以通過承諾書或者補充協議等方式，在債權文書的附件中載明。

二、具體操作

在前述通知發布之前，對於包含了擔保協議的債權文書是否可以與主債權文書一併進行強制執行效力的公證，在2000年下發《關於公證機關賦予強制執行效力的債權文書執行有關問題的聯合通知》中缺乏明確的法律規定，僅在最高人民法院2014年《關於含擔保的公證債權文書強制執行的批覆》、2015年《關於法院辦理執行異議和覆議案件若干問題的規定》中明確規定，擔保合同可以辦理強制執行公證。本次通知中對擔保合同賦予強制執行效力的公證，已有非常明確的規定。

債務文書如必須做賦予強制執行效力的公證，當事人必須書面約定，例如雙方經協商一致同意，合同經公證賦予強制執行效力，當發生債務人違約時，債務人、擔保人自願放棄訴權、抗辯權，由債權人依法不經訴訟程序而直接向人民法院執行機構申請強制執行的相關內容。

　　若債務人違約導致債權人向公證處申請執行公證書時，公證機構會以公證的債權文書約定的方式（如信函），對債務履行狀況進行核實，債務人、擔保人須在公證機構進行核實之日起一定期限內（須事先約定），向公證機構做出書面答覆；債務人未提供充分證據導致異議不成立，或者債務人未以約定方式或未在約定期限內回覆公證機關，則公證機構可依據具有強制執行效力的債權文書公證書出具《執行證書》。

【7】準確識別企業的註冊資本、
　　認繳資本和實繳資本

　　銀行為企業辦理信貸業務時，會關注企業的註冊資本和實繳資本。註冊資本是一個企業經營的本錢，是股東願意投入企業的成本。2014年3月1日起，中國大陸實施新修訂的《公司法》，最大變化之一，是除特定的二十七個主體（商業銀行、保險公司、小額貸款公司、財務公司、期貨公司、證券公司、直銷企業、勞務派遣企業、典當行、融資擔保公司等）實行註冊資本實繳登記制外，其他公司實行註冊資本認繳登記制度，也就意味著公司成立時，由股東自行對其認繳出資額、出資期限等進行約定，並在章程中載明。所以企業的營業執照中，不再顯示實繳資本金額。

　　銀行審核客戶抵禦風險的能力、判斷出資者對企業經營的態度時，首當其衝是看股東有無按照章程的約定按期出資，對於沒有按期繳納者，要查明原因。其次是認真審核股東是否已經足額出資，即確認實繳資本的金額。再次，評估股東對剩餘出資的繳納能力。

　　如果股東只認繳，不實繳，公司就只是一個空殼而已。在刑事法律中，對於二十七個實行註冊資本實繳登記制的公司而言，出資人存在虛報註冊資本罪、虛假出資罪以及抽逃出資罪的刑事處罰風險。也等於是說，對於實行認繳制的公司而言，這些罪名不再適用，即不再追究出資者的刑事責任。但必須注意的是，《公司法》和《公司登記管理條例》對虛報註冊資本的行為，仍規定了嚴厲的行政處罰措施，除按照虛報註冊資本金額5%以上

15%以下罰款外，情節嚴重者，登記機關有權撤銷公司登記或吊銷營業執照。

按現有規定，出資形式包括貨幣、股權、債權、動產、不動產、智慧財產權等無形資產，只要不是法律法規禁止的出資，均可做為股東認繳出資的方式。對於銀行而言，如何判斷股東實際繳納的資本，最直接有效的證明有三種：會計師事務所出具的驗資報告、開戶銀行出具銀行詢證函、公司出具的股東出資證明。

由於銀行進帳單和詢證函僅能對採用貨幣出資方式之股東的投資款進行證明，而公司出具的股東出資證明未經過權威協力廠商確認，因此從證明實繳資本的全面性和真實性角度來看，顯然會計師事務所出具的驗資報告是最直接的出資證明文件。

雖然工商登記部門因為無須登記實繳資本，而不再要求企業必須出示驗資報告，但對於銀行貸款而言，這份驗資報告恰恰是證明股東是否按期、足額履行出資義務的最好證明。

公司註冊資本登記制度調整後，出資人可自由決定公司認繳資本，且不受工商部門監管，因此，註冊資本不再是保護債權人利益的最低屏障。公司資本是否充足，已轉變為一項自由的商業判斷，審查義務的主體也已轉變為債權人自身。這在銀行而言，對債務人償債能力的分析，必須結合其他財務報表，做更深入的了解。

【8】銀行押品管理風險及防範（上）

　　銀行票據、貸款、保函、信用證等授信產品中，常遇債務人或協力廠商為擔保銀行相關債權實現，把押品抵押或質押給銀行，用於緩解信用風險。

　　對於銀行押品管理制度，中國大陸銀監會要求彌補監管短板（編註：「短板」在中國大陸用語中意指缺點），並於2017年4月26日發布《商業銀行押品管理指引》。該文件中明確規定，銀行押品管理應遵循四項原則：

　　1. 合法性原則：指押品管理應符合法律法規規定。

　　2. 有效性原則：指抵質押擔保手續完備，押品價值合理並易於處置變現，具有較好的債權保障作用。

　　3. 審慎性原則：指銀行應考慮押品本身可能存在的風險，審慎制定押品管理政策，動態評估押品價值及風險緩釋作用。

　　4. 從屬性原則：指銀行應全面評估債務人的償債能力，避免過度依賴抵質押擔保品。

　　因此，銀行發放抵質押貸款時，應以全面評估借款人的償債能力為前提，即以債務人的還款做為主要還款來源，不能過度依賴擔保品而忽視對借款人還款能力和現金流量的測算，平衡擔保貸款和信用貸款的關係，在加強抵押貸款管理的同時，合理發放信用貸款，為實體經濟提供金融服務。

主要風險

　　押品管理中的主要風險點表現在以下方面：

　　第一，在押品選擇時，沒有充分注意到抵押物的變現能力，造成無法變現或者實際變現價值遠低於預估價值，進而無法發揮擔保品的次要還款來源的保障作用。

　　第二，設立擔保物權存在瑕疵。比如不動產抵押登記時，登記的債權金額（最高債權限額）無法覆蓋銀行債權，導致優先受償的效果打折扣；或者變更抵押登記的手續不合規定。

　　第三，評估管理缺乏規範性。銀行對擔保品價值的掌握主要依賴於外部評估機構，因此在選擇評估機構時應嚴格把關，避免出現虛假估值的現象。押品價值虛高，會直接影響銀行對抵押率的控制，可能導致押品價值不能有效覆蓋銀行債權。

　　第四，忽略動態監管。對於價值會發生動態變化的押品，比如機器設備、不動產、原物料等，在擔保關係存續期間，銀行應定期進行內部或者委外的動態監測，目的是及時了解押品價值有無降低、押品是否損毀或者被擔保人違約擅自處分，以確保抵質押擔保的有效性和持續性。如果出現擔保價值降低情形，應及時要求借款人或擔保人補充提供擔保，防止在擔保品處置時出現風險敞口（風險暴露）。

　　因此銀行在接受押品時，必須審查押品是否真實存在；押品權屬是否明確，抵質押人對押品是否具有合法的處分權利；押品是否具有良好的變現能力。還應對押品進行合理分類，至少必須分為金融質押品、房地產、應收帳款和其他押品四類。對不同押品審慎確定抵質押率上限，並根據經濟週期、風險狀況和市場環境，及時調整。

【9】銀行押品管理風險及防範（下）

銀行對於不同的押品，應衡量風險，採取不同的防範措施。

一、持續性管理

證券質押融資時，證券押品的價值受市場因素影響，會發生波動較大的情形，這就意味著對此類押品必須做好持續性管理，即時監控股票押品的市場價格趨勢，即所謂的「盯市」。藉由設置警戒線的方式，當股票價值減少到一定價格，便提醒相關部門採取增加擔保品，補足因證券價格下跌所形成的質押價值缺口等相應措施。

警戒線的公式通常為（質押股票市值／貸款本金）×100%=140%，平倉線的公式通常為（質押股票市值／貸款本金）×100%=130%。當質押股票市值變化低於警戒線時，則補足擔保；當質押股票市值變化低於平倉線時，則質權人賣出質押股票，用於提存或提前清償債務。

對於股票質押的質押率設置問題，目前實務中，一般按照基準日股票市值確定上市公司股票價值，再依據以下比例進行融資：主機板（上海6開頭、深圳00開頭）五折，中小板（002開頭）四折，創業板（300開頭）三折。對於銀行而言，設置合理且適當的質押率，可以避免銀行資金受損。

二、關於抵押房屋毀損或拆遷

不動產抵押融資時，房屋因意外毀損和房屋拆遷所引發的擔

保目的落空風險，對債權人而言是最大的威脅。對於房屋因意外而毀損者，可以事先要求購買銀行認可的財產保險，銀行有權從保險賠款中優先受償。對於房屋拆遷者，由於現有法規沒有明確要求拆遷方必須通知抵押權人，因此存在債務人取得拆遷補償款後惡意逃廢債（編註：指債務人有償還能力卻故意不履行償債義務）的風險。對此，銀行應約束債務人和擔保人，在得知拆遷事實之時須負起立即通知銀行的義務，並約定相應的補救措施。比如在合同中對拆遷問題做出特別約定：

1. 若編號為XX《最高額抵押合同》項下的抵押房屋發生拆遷、徵收或類似情形（以下統稱「拆遷」），借款人、抵押人應在知悉拆遷消息後的三日內通知貸款人。

2. 若拆遷採用產權調換補償形式，借款人、抵押人應與貸款人協商提前清償債務，或以拆遷調換的房屋繼續為借款設定抵押並簽訂相關協議，配合貸款人為調換房屋辦理預告登記和抵押登記，並承擔相關費用。在新抵押登記辦理完成前，借款人、抵押人應當提供貸款人認可的擔保。

3. 若拆遷採用貨幣補償形式，貸款人有權就獲得的拆遷補償款優先受償；借款履行期未屆滿者，貸款人有權要求提前清償債務，或要求抵押人將拆遷補償款通過開立保證金專戶或存單等形式，為債務提供擔保並簽訂相關協議。

4. 借款人、抵押人若違反承諾或約定，應按編號為XX《借款合同》項下借款本金數額的百分之__（大寫），向貸款人支付違約金，同時貸款人有權宣布借款提前到期，並要求抵押人和抵押物共有人履行擔保責任。

5.動產質押融資時，則必須控制質物監管風險。如果質物由協力廠商監管，銀行應明確規定協力廠商監管的准入條件，對合作的監管方實行名單制管理，加強日常監控，全面評價其管理能力和資信狀況，並通過簽訂監管合同，明確列出監管方的監管責任和違約賠償責任。同時，監管方應將押品與其他資產互相分離，不得重複出具倉儲單據。在質物的選擇上，當然也要注意選擇物理、化學性能穩定、價格穩定、流通性強的商品，並同樣可以在質押合同中設置警戒線，當質押物市場價格下跌到警戒線時，要求借款人、擔保人補充質物或其他擔保品。對於質物可能存在的滅失和損毀的情況，則要求借款人、擔保人對質物投保相應的保險，以確保銀行債權優先受償和不受損失。

【10】在華外資法人銀行可投資境內銀行

2017年1月17日中國大陸國務院印發《國務院關於擴大對外開放積極利用外資若干措施的通知》，對服務業重點放寬銀行類金融機構外資准入限制。

2017年3月10日銀監會發布了《關於外資銀行開展部分業務有關事項的通知》（下稱12號文），12號文允許外資法人銀行（包括台資法人銀行）在風險可控的前提下，投資境內銀行業金融機構。在投資主體方面，既可選擇境外母行，也可選擇在華法人銀行。此外，對外資銀行開展國債承銷業務、託管業務、財務顧問業務、與境外母行開展業務協作等，明確訂出監管政策。

為配合銀監會關於外資法人銀行投資中國大陸境內銀行政策的落實，2017年7月20日銀監會發布《關於修改〈中資商業銀行行政許可事項實施辦法〉的決定》，該決定中對投資主體的規定主要表現為：

1. 增加了外商獨資銀行、中外合資銀行做為發起人或戰略投資者入股中資商業銀行，參照關於境外金融機構做為發起人或戰略投資者入股中資商業銀行的相關規定。

2. 此條說明外資銀行投資中國大陸境內銀行業金融機構時，除可選擇境外母行為投資主體外，還可以選擇在華法人銀行做為投資主體。相較之前的狀況，對外資入股中資的主體條件有所鬆綁。

3. 但關於單一外資股東及其關聯方對中資銀行的合計持股比例不超過20%，多個外資股東及其控制的關聯方投資入股比例合

計不超過25%，這些規定未變，外資行投資中資行的比例上限並未放寬。此政策對外資行投資中資行是否具有吸引力，還有待市場的檢驗。

據了解，2006年之前，在華外資銀行主要以分行形式經營，不具有投資銀行業金融機構的主體資格。2006年部分在華外資銀行開始轉為以本地法人形式經營，但轉制初期法人銀行規模較小，綜合管理能力處於建設初期，尚不具備投資管理銀行業金融機構的能力。在上述期間內，外資銀行在中國大陸境內投資銀行業金融機構時，均通過境外母行進行。經過十年的發展，在華外資法人銀行在中國大陸市場的經營發展基礎不斷加強，已具備了一定的併表管理能力。今後，在符合現行法規規定的前提下，外資銀行既可以選擇以境外母行為主體投資境內銀行業金融機構，也可選擇以在華法人銀行為主體進行投資。

2017年8月18日國務院發布《關於促進外資增長若干措施的通知》，明確指出減少外資准入限制，進一步擴大市場准入對外開放範圍，持續推進銀行業、證券業、保險業等行業的對外開放。

從中國大陸官方一系列放寬銀行類金融機構外資准入限制的政策來看，未來銀行業對外開放將堅持以公平競爭、同等待遇為原則，不斷提高銀行業市場准入的透明度，進一步擴大銀行業對外開放，支持銀行業「走出去」和符合條件的外資金融機構來華投資經營。

【11】中國大陸公司法司法解釋四 對銀行授信業務的影響

2017年9月1日起，中國大陸實施《關於適用〈中華人民共和國公司法〉若干問題的規定（四）》，該司法解釋涉及股東會、董事會決議效力、股東知情權、利潤分配權、優先購買權和股東代表訴訟，五個方面的法律適用問題。

公司法司法解釋四對銀行授信業務的影響主要表現如下：

第一，銀行應加強審查借款人、擔保人的公司決議，避免出現公司決議不成立、無效或被撤銷的不利情形，對銀行授信及其擔保造成不利影響。

公司法司法解釋四明確將公司決議分為三類，分別是無效決議、可撤銷決議、決議不成立。

針對無效決議和可撤銷的決議，公司法司法解釋四第六條明確規定：「股東會或者股東大會、董事會決議被人民法院判決確認無效或者撤銷的，公司依據該決議與善意相對人形成的民事法律關係不受影響。」但對於決議不成立情形，卻沒有明確規定公司依據該決議與善意相對人形成的民事法律關係的效力。

因此，銀行做為依據該決議與公司發生借款關係或擔保關係的第三人，除應盡到善意第三人之責，即自身沒有過錯行為外，還應審慎審查公司決議是否存在不成立的可能。對此，公司法司法解釋四第六條規定，股東會或者股東大會、董事會決議存在下列情形之一，當事人主張決議不成立者，人民法院應當予以支持：

1. 公司未召開會議，但依據公司法第三十七條第二款或者公司章程規定可以不召開股東會或者股東大會而直接做出決定，並由全體股東在決定文件上簽名、蓋章的除外。

2. 會議未對決議事項進行表決。

3. 出席會議的人數或者股東所持表決權不符合公司法或者公司章程規定。

4. 會議表決結果未達到公司法或公司章程規定的通過比例。

5. 導致決議不成立的其他情形。

銀行授信業務中若客戶提供的決議存在瑕疵，當銀行無法證明自己為善意第三人或者決議存在不成立情形時，就會存在敗訴的可能。

第二，對於借款人的還款來源依賴項目公司分配利潤的授信案件，尤其是項目公司存在兩個以上股東時，應重點關注該項目公司章程或股東會決議中對公司利潤分配的具體方案。

因為，公司法司法解釋四關於股東利潤分配權司法救濟規定為：若股東未提交載明具體分配方案的股東會或者股東大會決議，而請求公司分配利潤時，人民法院應當駁回其訴訟請求，但如果因董監領取過高薪酬或控股股東操縱公司等濫用股東權利的行為，導致公司不分配利潤給其他股東造成損失的情形除外。

這意謂，當借款人還款來源於項目公司的利潤時，銀行應嚴格審查項目公司章程中對利潤分配的具體約定，以避免將來借款人在利潤分配訴訟中，因未與合作方就利潤分配事先做出約定，導致訴訟主張不能獲得支持的不利局面，進而造成銀行債權受損。

　　第三，銀行在從事併購貸款融資業務時，須注意公司法司法解釋四關於股東優先購買權行使、轉讓通知的相關規定。

　　公司法司法解釋四進一步詳細規定了股權轉讓事項書面通知的具體內容，對於受讓人的有關情況、擬轉讓股權的數量、價格及履行方式等股權轉讓合同的主要內容，若未全部告知公司其他股東，則明確規定屬未履行通知義務，其他股東可以主張按照同等條件購買該轉讓股權。

　　因此，銀行在承做併購貸款業務時，應審查股權轉讓程序中是否存在瑕疵，避免因基礎交易的潛在風險導致銀行發放的併購貸款資金處於不安全狀態。

【12】最高人民法院明定金融債權利率司法保護上限

2017年8月4日，最高人民法院印發《關於進一步加強金融審判工作的若干意見》（法發〔2017〕22號），該意見明確以服務實體經濟為出發點，規範金融借款合同的融資成本，對於貸款人同時主張的利息、複利、罰息、違約金和其他費用總計超過年利率24%的部分，法院有權根據借款人的要求予以酌減。另外，對名為融資租賃合同、保理合同但實為借款合同的，應當按照實際構成的借款合同關係確定各方的權利義務，防範當事人以預扣租金、保證金等方式，變相抬高實體經濟融資成本。

一、保護上限為年利率24%

在該意見之前，銀發〔2004〕251號《中國人民銀行關於調整金融機構存、貸款利率的通知》中明確指出，金融機構貸款利率不再設定上限，2013年7月20日起取消金融機構貸款利率0.7倍的下限，即意味著人民銀行對於金融機構貸款利率管制已放鬆。但司法層面對高利貸或變相高利率持否定態度，比如在湖北省高級人民法院（2017）鄂執覆58號「方正東亞信託有限責任公司與武漢汽車公園投資管理有限責任公司、武漢汽車公園實業有限公司借款合同糾紛」執行裁定書中，明確指出：金融機構借款利率上限應參照民間借貸利率的保護上限，即年利率24%予以保護，超過部分不予支持。

此次最高人民法院以發文方式，明確規定了金融借款利率的上限。實務中可能存在以下情形，銀行做為債權人應如何應對？

　　第一種情形：金融借款合同中借貸雙方約定的年利率超過24%，但債務人並未提出調降請求。對此銀行是否可以按照合同約定利率收取？對此，建議參照民間借貸（《最高人民法院關於審理民間借貸案件適用法律若干問題的規定》）超過年利率36%無效的規定，主張收取超過24%但不超過36%的年利率。

　　第二種情形：金融借款合同中借貸雙方約定的年利率超過24%，債務人並未提出調降請求，但擔保人要求調降其相應的擔保責任。對此，最高人民法院的上述意見並未明確賦予擔保人此項權利。

　　第三種情形：金融借款合同中借貸雙方約定的年利率超過24%，債務人支付了超過24%的部分利息，之後反悔，要求法院調降。對此，最高人民法院的上述意見同樣沒有明確規定，但可以參考民間借貸的規定，債務人有權要求債權人返還年利率超過36%部分的利息，但對於超過年利率24%但未超過36%部分的利息已經自願支付者，則按照意思自治原則處理。

二、逾期罰息應否計收複利

　　必須注意的是，最高人民法院發布的新規明確規定，如果銀行同時主張的利息、複利、罰息、違約金和其他費用總計超過年利率24%，借款人有權申請法院予以調降。實務中，法院對銀行能否就逾期利息收取複利，存在不同觀點。對逾期罰息應否計收複利問題，實務中會因案件情況不同、審理法官不同等因素，而產生不同的裁判結果。目前，已知相關案例的裁判結果，大致有以下三種：

　　1. 合同明確約定對逾期罰息計收複利，法院予以支持，主要基於該約定是雙方當事人的真實意思表示，且未違反法律、行政法規的強制性規定。

　　2. 合同未明確約定對逾期罰息計收複利，僅約定對未支付的利息計收複利，在借款人認可或者沒有異議時，法院予以支持，理由同上。

　　3. 合同未明確約定對逾期罰息計收複利，僅約定對未支付的利息計收複利，借款人認為對逾期罰息計收複利對自己明顯不公，法院會以複利計算基數為合同期內應付利息而非逾期罰息為由，駁回貸款銀行對罰息計收複利的訴訟請求，主要基於維護民法的公平和誠實信用原則。

【13】通過借款人履約能力分析，切實加強貸後管理

　　貸後管理，是銀行貸款流程管理中的最後環節，對貸款資金的順利收回具有關鍵作用。無論在《流動資金貸款管理暫行辦法》還是《固定資產貸款管理暫行辦法》中，中國大陸銀監會均以專章的方式，要求貸款人加強貸款資金發放後的管理。基於貸後管理的最終目的是為了確保貸款資金安全，因此，藉由分析借款人履約能力，使風險能夠及早發現、及早控制和及早解決，可減少影響貸款安全的不利因素出現。

　　對於流動資金的貸後管理，貸款人應針對借款人所屬行業及經營特點，透過定期與不定期現場檢查與非現場監測，分析借款人經營、財務、信用、支付、擔保及融資數量和管道變化等狀況，掌握各種影響借款人償債能力的風險因素。

　　對於固定資產的貸後管理，貸款人應定期對借款人和項目發起人的履約情況及信用狀況、項目的建設和運營情況、總體經濟變化和市場波動情況、貸款擔保的變動情況等內容，進行檢查與分析，建立貸款品質監控制度和貸款風險預警體系。

　　借款人履約能力風險預警的主要信號，請見右頁表格所列。

　　一旦在貸後檢查中發現借款人出現上述不利於貸款資金清收的情形時，應及時行使借款合同中約定的貸款人權利，防止客戶經營風險轉化為貸款風險。

財務狀況異常表現

1. 資本負債率較年初上升幅度超過10%
2. 流動比率較年初下降幅度超過10%
3. 速動比率較年度下降幅度超過10%
4. 應收帳款占流動資金的比例超過30%
5. 應收帳款大幅增加
6. 存貨大幅增加
7. 註冊資本減少
8. 或有負債大幅增加
9. 對外股本權益性投資占淨資產的比重超過20%
10. 銷售收入同比下降幅度超過20%
11. 利潤同比下降幅度超過10%
12. 銷售利潤率較上年大幅下降20%以上
13. 經營活動現金淨流量大幅減少或連續兩年為負數
14. 成本和費用失控
15. 產品或服務的市場需求下降

經營管理預警信號

1. 管理層和董事會成員矛盾較大
2. 管理層發生重大人事變動
3. 內部組織機構不合理、管理水準低下
4. 財務制度不健全、管理混亂
5. 報表不真實或對外存在多套報表
6. 重大項目未能達到預期目標
7. 經常性拖欠職工工資
8. 經常拖欠或遲延支付稅金及費用
9. 對外擴張速度超過自身承受能力
10. 存在違約經營的紀錄
11. 公司業務性質發生重大變化
12. 公司可能被兼併、重組
13. 公司涉足高風險、不熟悉行業

借款人業務和外部環境發生重大變化

1. 業務夥伴關係發生重大變化
2. 喪失關鍵客戶
3. 客訴增多
4. 出售、變賣主要的生產、經營性固定資產

與銀行關係

1. 被人民銀行或其他金融機構列為信用不良企業
2. 還款紀錄不正常
3. 披露延遲或者拒絕披露財務報表或其他重要資訊資料
4. 弄虛作假（如偽造或塗改各種批准文件或相關業務憑證）
5. 向他行的貸款申請被拒絕
6. 企業經常簽發空頭支票
7. 在本行的結算量大幅下降

法律面預警信號

1. 發生重大訴訟、仲裁事項
2. 受到稅務、工商、環保等部門處罰
3. 發生重大勞資糾紛
4. 因欠稅被立案
5. 被公、檢、法機關立案偵查

【14】向中國大陸法院申請保全和執行
台灣債務人在中國大陸的資產

　　台灣債務人或保證人在台灣沒有財產可供執行，但在中國大陸有財產，台灣地區的銀行是否可以向中國大陸法院申請保全和執行該財產呢？

　　中國大陸法院的「保全」措施，相當於台灣的「假扣押」。根據《中華人民共和國民事訴訟法》及其司法解釋的規定，「保全」分為三種：訴前保全、訴訟保全和執行保全。因此，保全的前提是基於中國大陸法院對該案件具有管轄權。

一、台灣地區生效法律文書須獲中國大陸法院認可

　　如果台灣地區的雙方當事人約定適用台灣法律並由台灣法院管轄，那麼僅憑債權證明文件，並不能向中國大陸法院申請保全措施。對於債權人而言，惟有取得台灣生效法律文書後，透過中國大陸法院對台灣法律文書予以承認和執行，才能進而保全和執行台灣債務人在中國大陸的資產。

　　2015年7月1日起施行的《最高人民法院關於認可和執行台灣地區法院民事判決的規定》以及《最高人民法院關於認可和執行台灣地區仲裁裁決的規定》，表明在一定條件下，中國大陸法院可以認可和執行台灣地區的生效法律文書，但當事人必須在該法律文書生效後二年內，向財產所在地等有管轄權的中國大陸中級人民法院提出申請。

必須注意的是，台灣地區法院民事判決或仲裁裁決有法定不予認可情形時，中國大陸法院會裁定不予認可，比如：若認可該台灣民事判決（仲裁裁決），將違反一個中國原則等國家法律的基本原則或者損害社會公共利益；爭議案件應由中國大陸法院專屬管轄；其他法院已就同一爭議做出判決，且已為中國大陸法院所認可等。

二、如何保全中國大陸子公司財產

若台灣債務人在中國大陸投資設立子公司，該子公司名下有機器廠房等眾多資產，那麼台灣地區銀行是否可以向中國大陸法院申請保全中國大陸子公司財產呢？

基於中國大陸合同相對性原則以及中國大陸公司法的規定，子公司具有法人資格，依法獨立承擔民事責任。因此無論是台灣母公司，還是中國大陸子公司，均為獨立法人，應獨立承擔民事責任。從這個意義上而言，銀行並不能因為母公司欠債而對子公司財產進行保全。

但由於台灣母公司擁有中國大陸子公司的股權，債權人可以考慮查封、執行台灣母公司對中國大陸子公司的股權（比如執行股權收益、對股權進行轉讓進而執行股款）。實務中，即便是被查封、凍結的股權，法院仍可以直接裁定轉讓，以轉讓所得清償債務。

對股權的強制執行，法院徵得全體股東過半數同意後，予以拍賣、變賣或監督被執行人自行轉讓。不同意轉讓的股東，應當購買該轉讓的股權，若不購買，視為同意轉讓，不影響執行。

　　在台灣，債權人可以依據「假扣押」裁定或其他執行名義，自行向稅捐徵稽機關，查詢台灣債務人名下財產。但中國大陸地區，查詢財產的方式必須向不同登記部門進行了解，比如：查詢未上市公司股權，可通過公司所在地工商局現場查詢。也可採取網路查詢方式，透過「企業信用資訊公示系統」（http://gsxt.saic.gov.cn/）查詢股東情況等基本資訊。但由於公示系統的資訊具有滯後性，網上查詢資訊可做為參考，仍必須以現場查詢資訊為準。查詢不動產所有權、權利瑕疵等資訊，則在不動產所在地不動產登記中心現場查詢，但目前如上海、深圳不動產登記中心，對於非利害關係人查詢他人不動產資訊，必須提供所有權人委託書，並以房產具體地址進行查詢，已不能像從前那樣透過自然人姓名或企業名稱方式查詢名下房產。

【15】優先債權仍須加強保全措施

對於優先債權，雖然中國大陸法律賦予了優先受償效力。但在回收債權過程中，仍應加強對擔保物的保全措施，爭取執行過程中的主動權。

以同一債務人具有多個債權人存在為例，假設多個債權人取得了不同法院的生效法律文書，台灣強制執行程序規範統一由應執行之標的物所在地的法院管轄，因此不會發生多個法院對同一債務人進行執行的競合情形。

與台灣強制執行有差異的是，中國大陸可能存在強制執行競合情形。比如銀行依據借款合同和擔保合同的約定，取得了銀行所在地法院的執行文書，但同時其他債權人對擔保物進行查封，取得了其他法院的執行文書。此時，兩個法院對債務人均有執行權，但對於查封財產的執行，依中國大陸司法解釋規定，應當由首先查封法院來處分查封財產。當銀行已經設定抵押權的抵押品被其他債權人申請了司法查封時，如果首先查封法院遲延處分財產，甚至某些一般債權人惡意拖延訴訟進度，遲遲不取得生效判決，刻意使得查封財產無法進入拍賣程序，並以此做為談判籌碼，迫使優先債權人做出法律之外的讓步，就會損害到優先債權人的利益。

因此，為解決法院首封處分權與債權人行使優先受償債權出現衝突，造成優先債權制度的目的落空，最高人民法院2016年4月12日做出了《關於首先查封法院與優先債權執行法院處分查封財產有關問題的批覆》。

　　該批覆明確規定執行過程中，應當由首先查封法院（包括保全程序中的查封和執行程序中的查封兩種情形）負責處分查封財產。但對查封財產有順位在先的擔保物權、優先權的債權，在同時符合以下四個條件時，則優先債權執行法院可以要求將該查封財產移送執行：

　　1. 優先債權已經被法律文書確認，且該法律文書已經生效。

　　2. 該優先債權已經進入法院執行程序。

　　3. 首先查封法院自首先查封之日起已超過六十日。

　　4. 首先查封法院尚未就該查封財產發布拍賣公告或者進入變賣程序。

　　這樣的規定保障實體法上優先債權的實現，同時兼顧執行程序法上首先查封制度的價值。

　　由於優先債權法院要求首先查封法院移送執行有先決條件，當優先債權法院不具備同時滿足先決條件時，優先債權人仍存在優先權落空的風險。因此，債權人應善用保全措施。目前中國大陸保全費根據實際保全的財產數額繳納，最多不超過人民幣5,000元。

　　中國大陸法院保全分為訴前保全、訴中保全及執行保全。債權人採用訴前保全時，法院會在接受申請後四十八小時內做出採取保全措施的裁定。雖然法條上要求法院做出裁定後應立即執行保全措施，但實務中，由於保全法官受到人數少、案子多的局限，有的法院可能很難做到立即執行，需要申請人及時跟進催促。另外，債權人要注意的是，必須在法院採取保全措施後三十日內提起訴訟或者申請仲裁，否則法院會解除保全。訴中保全與

訴前保全最大的差異在於，法院接受訴中保全時，只有對情況緊急者，才會在四十八小時內做出採取保全措施的裁定，對於情況不緊急的，可以五日內做出裁定。

　　當事人提出保全申請時，應盡量向法院提供任何被保全人的財產線索，也可以依據2016年12月1日實施的《最高人民法院關於人民法院辦理財產保全案件若干問題的規定》，向已經建立網路執行查控系統的法院，書面申請透過該系統查詢被保全人的財產。對於有財產擔保的債權人而言，對擔保品先行進行查封，會對日後回收債權發揮積極主動作用。

【16】台資銀行在中國大陸發行金融債券分析

　　隨著台資銀行在中國大陸業務開展，對人民幣資金需求也增大。如何獲得相對便宜的人民幣資金，是台資銀行在穩定經營時面臨的主要問題。

　　2015年6月5日，銀監會公布並實施了修訂後的《中國銀監會外資銀行行政許可事項實施辦法》。根據新實施辦法，外資法人制銀行（外商獨資銀行、中外合資銀行），只要符合以下五個條件，即可以在銀監會許可、人民銀行對發債具體計畫批准後發行債券：（1）具有良好的公司治理結構；（2）主要審慎監管指標符合監管要求；（3）貸款風險分類結果真實準確；（4）最近三年無嚴重違法違規行為和因內部管理問題導致的重大案件；（5）銀監會規定的其他審慎性條件。對於法人制外資銀行而言，原來靠母行增資或者存款、借款等獲得資金的方式，可以轉變為通過發債方式在當地募集經營所需資金。

　　同時，銀監會支援銀行發行專項用於小型微型企業貸款的金融債，但除應符合《全國銀行間債券市場金融債券發行管理辦法》等現有各項監管法規外，銀行的小型微型企業貸款增速應不低於全部貸款平均增速，增量應高於上年同期水準。並且，申請發行小型微型企業貸款專項金融債的商業銀行，應出具書面承諾，承諾將發行金融債所籌集的資金全部用於發放小型微型企業貸款。

　　中國大陸目前共有三個債券市場，分別是銀行間市場、交易所和自貿區債券市場。其中境內法人制金融機構可以在上海自

貿區債券市場發行離岸債券，是基於中央國債登記結算有限公司2016年9月8日發布的《中國（上海）自由貿易試驗區債券業務指引》。對於「自貿債」，可以理解為是一種「在岸的離岸債券市場」。上海自貿區跨境債券業務的特殊性在於：第一，債券發行人主要為境內或自貿區內的金融機構或企業，也可以是境外機構；第二，債券主要以人民幣計價，對自貿區內或境外投資者發行，比如開立NRA帳戶的境外機構、開立FT帳戶的境外機構、QFII等。

但台資銀行中國大陸分行是否可以在上海自貿區發行金融債券，該文沒有特別明確規定。但從以下內容來看，以分支機構名義發行自貿區金融債券，或者在其他市場發行金融債券，有一定障礙。

第一，根據《中華人民共和國商業銀行法》規定，具有法人資格的商業銀行可以發行金融債券，而《中華人民共和國外資銀行管理條例》規定，外國銀行分行可從事買賣金融債券，但沒有規定可以發行金融債券。

第二，比照《全國銀行間債券市場金融債券發行管理辦法》的規定第二條：「本辦法所稱金融債券，是指依法在中華人民共和國境內設立的金融機構法人在全國銀行間債券市場發行的、按約定還本付息的有價證券。」因此，金融債券的發行主體應為法人。

第三，《中國（上海）自由貿易試驗區債券業務指引》第七條提及，發行人應向中央結算公司提交的一項資料《債券發行與

兌付業務印鑒卡》，其中應註明發行人的註冊資本，而分行並沒有登記註冊資本，只有營運資金。

　　因此，台資銀行中國大陸分行可能很難突破《商業銀行法》和《外資銀行管理條例》發行金融債券主體資格的限制。

　　當然，台資銀行母行或者總行經國務院同意後，可以在中國大陸發行以人民幣計價的「熊貓債」，以滿足境內分行或子行對人民幣資金不斷擴大的需求。

【17】銀行業金融機構債權人委員會制度

為改善銀企及銀行間資訊溝通不暢的問題，進一步提升銀行業服務實體經濟質效，防範和化解金融風險，2016年7月6日，中國大陸銀監會辦公廳發布《中國銀監會辦公廳關於做好銀行業金融機構債權人委員會有關工作的通知》（銀監辦便函〔2016〕1196號），對於債務規模較大的困難企業由三家以上債權銀行發起成立債權人委員會。

銀監會宣導建立債權人委員會制度的目的，主要是：

1. 建立債權人溝通平台，確保債權銀行「同進同出」。

2. 破解銀行之間資訊不對稱，確保銀行共同防禦風險，採取一致行動。

不同的是，《企業破產法》中的債權人委員會是代表債權人會議、為實現債權人的共同利益、確保破產程序順利進行而設立的常設機構。銀監會要求債權銀行組建的債權人委員會，則是協商性、自律性、臨時性組織，其目的是按照「一企一策」的方針，集體研究增貸、穩貸、減貸、重組等措施，有秩序地開展債務重組、資產保全等相關工作，確保銀行業金融機構形成合力。

實務中，各地銀監局對債權銀行組建債權人委員會的標準有所不同，比如從無錫銀監局的發文來看，擴大了組建規模，無論正常還是非正常貸款客戶，只要授信餘額達3億元人民幣以上且債權銀行在三家以上，當地監管部門要求組建債權人委員會。而上海銀監局針對授信餘額10億元人民幣以上且在滬授信銀行達三家以上者，須建立大額授信聯合監測機制。當出現不良貸款等風險

時，則應成立債權人委員會，確定增貸、穩貸、減貸、重組等措施。

2017年5月10日，中國大陸銀監會辦公廳發布《中國銀監會辦公廳關於進一步做好銀行業金融機構債權人委員會有關工作的通知》（銀監辦便函〔2017〕802號），進一步明確規定銀行業金融機構應將「金融債務規模較大、對區域性金融風險影響較大的困難企業，或者是國家確定的鋼鐵、煤炭等重點行業出現困難的大中型企業」，做為債委會工作重點。

對於以下企業，銀行業金融機構要堅決壓縮、退出相關貸款，盡快實現市場出清：

1. 不符合國家產業政策規定的落後產能企業。

2. 環保、能耗、質量、安全生產、技術等不達標且整改無望的企業。

3. 已經停產或半停產、連年虧損、資不抵債、失去清償能力的「僵屍企業」。

銀監會對要求符合債委會組建條件的困難企業涉及的所有銀行業金融機構，均應加入債委會，統一行動。對於不加入債委會、拒不執行債委會決議、拒不履行債務重組方案或者採取其他措施而影響債務重組順利推進的銀行業金融機構，從而造成嚴重後果的銀行，明確規定了問責制度，即銀監會和銀監局可以採取約談主要負責人、通報批評、責令對有關責任人員給予紀律處分等措施。

【18】銀監處罰案例（一）
──違反「七不准」之存貸掛鉤

　　《中國銀監會關於整治銀行業金融機構不規範經營的通知》（銀監發〔2012〕3號），明確要求銀行不得存貸掛鉤，即銀行業金融機構貸款業務和存款業務應嚴格分離，不得以存款做為審批和發放貸款的前提條件。

　　2014年上海銀監局曾對上海松江民生村鎮銀行，做出滬銀監罰〔2014〕20號行政處罰決定書，銀監認為銀行在2013年8月26日向上海某機械製桶廠發放流動資金貸款時，以保證金名義將存款做為發放貸款的前提條件，以存貸掛鉤的不正當手段發放貸款，並以貸款資料、單位借款憑證、活期存款流水、轉帳記帳憑證、對公定期存款餘額表、保證金帳戶管理辦法等做為證據，對該銀行處罰人民幣50萬元，並責令改正。

　　為何銀行承做流動資金貸款業務時採行保證金質押擔保的方式，會違反「不得存貸掛鉤」的規定呢？

　　保證金質押是指借款人將金錢交存於其在銀行開立的專用帳戶，並承諾以該帳戶中的款項做為償還借款的保證。當借款人不履行債務時，貸款銀行有權在保證金專用帳戶中直接扣劃保證金用於償還貸款。由於司法實務中認為，保證金質押必須以專戶管理，不能做為結算帳戶使用，即貸款需求產生之前，客戶並沒有設立保證金帳戶，而是在雙方就擔保條件協商時，銀行要求客戶將資金轉入特定的保證金專戶，因此銀行存在以事先要求客戶提供存款的方式做為發放貸款先決條件的嫌疑。

　　當然，實務中還有一種與保證金質押類似的資金質押方式，即存單質押，是指借款人以本單位（本人）或第三人的定期存單做質押，從銀行取得一定金額的貸款，按期歸還貸款本息的一種擔保貸款業務。存單質押和不動產抵押一樣，所有權人都是先擁有該資產，再以此做為擔保而獲得銀行融資，活化了自己的資產，而並不是根據銀行的擔保要求，事後再購買不動產或者形成定期存單。並且，銀監會發布的《單位定期存單質押貸款辦法》和《個人定期存單質押貸款辦法》所允許的存單質押，其實質為「存單直貸」。

　　因此，如果銀行要求客戶「依動撥餘額徵求存單N成設質」，其實質是以存款做為貸款發放的前提條件，屬違反「不得存貸掛鉤」的行為。另外，也違反了《單位定期存單質押貸款辦法》第十二條以及《個人定期存單質押貸款辦法》第七條關於貸款數額一般不超過存單金額九成，存單金額覆蓋貸款本息的規定。對此，在表述上至少不致令人感覺存在存貸掛鉤的做法，可以調整為：銀行根據客戶還款能力、經營狀況等合理確定貸款金額為人民幣X元，客戶自願以現有開戶證書換開定期存單（金額人民幣X元）做為質押擔保，定存單金額未覆蓋貸款本息部分，銀行將採取合理措施控制貸款風險。

　　此外，需要注意的是，保證金質押方式在流動資金借款、固定資金借款等借款法律關係中不適合使用，但不影響銀行在開立備用信用證（保函）、貿易融資關係中運用此種擔保方式。

【19】銀監處罰案例（二）
——違反「七不准」之轉嫁成本

《中國銀監會關於整治銀行業金融機構不規範經營的通知》（銀監發〔2012〕3號），明確要求銀行不得轉嫁成本，即銀行業金融機構應依法承擔貸款業務及其他服務中產生的盡職調查、押品評估等相關成本，不得將經營成本以費用形式轉嫁給客戶。

對此，銀監會曾就銀行違反「七不准」中「不得轉嫁成本」原則而處罰的案例說明如下。

一、藏銀監罰決字〔2014〕第3號

中國農業銀行股份有限公司拉薩城西支行在2014年5月1日至2014年5月10日期間辦理的七筆房產抵押貸款業務中，沒有為客戶支付每筆金額為80元的房產抵押登記費，而是由借款人客戶自行支付，抵押登記費總計為560元。

處罰決定：罰款人民幣5萬元。

二、湘銀監罰〔2015〕36號

長沙銀行在辦理房地產抵押業務中，向借款人轉嫁房屋抵押登記成本。

處罰決定：罰款人民幣10萬元。

三、分析與結論

1. 抵押登記費由銀行承擔的依據

　　根據《國家發展改革委、財政部關於規範房屋登記費計費方式和收費標準等有關問題的通知》（發改價格〔2008〕924號）第五條「房屋登記費向申請人收取。但按規定須由當事人雙方共同申請者，只能向登記為房屋權利人的一方收取」的規定，抵押登記費應該由抵押權人──即銀行──承擔。

　　同時，根據發改委辦公廳《商業銀行收費行為執法指南》發改辦價監〔2016〕1408號二十一條：「商業銀行應當承擔合理的業務成本，不得轉嫁。認定轉嫁成本的考慮因素具體包括但不限於：（一）是否以協議等形式將法律、法規、規章規定應當由商業銀行承擔的費用轉嫁給客戶承擔；（二）融資過程中需要辦理公證、登記、保險、評估等業務時，按照法律、法規、規章規定或者合同約定應由商業銀行承擔費用的，是否將相關費用轉嫁給客戶承擔。」銀行不能以協議等方式，將規章規定應由銀行承擔的費用轉嫁給客戶。

　　2. 銀監處罰依據

　　《商業銀行法》第七十三條：商業銀行有下列情形之一，對存款人或者其他客戶造成財產損害時，應當承擔支付遲延履行的利息以及其他民事責任；該條第（四）款：違反本法規定對存款人或者其他客戶造成損害的其他行為。有前款規定情形者，由國務院銀行業監督管理機構責令改正，有違法所得者，沒收違法所得，違法所得5萬元以上者，並處違法所得一倍以上五倍以下罰款；沒有違法所得或者違法所得不足5萬元者，處5萬元以上50萬元以下罰款。

3. 關於抵押業務中涉及的評估費承擔問題

建設部、中國人民銀行、中國銀行業監督管理委員會關於規範與銀行信貸業務相關的房地產抵押估價管理有關問題的通知（建住房〔2006〕第8號）規定：「三、房地產抵押估價原則上由商業銀行委託，但商業銀行與借款人另有約定的，從其約定。估價費用由委託人承擔。」

實務中，為避免銀監認為銀行把評估費用轉嫁給客戶，因此客戶委託評估的時間點早於銀行受理案件時間，更為妥當。

【20】銀監處罰案例（三）
──違反「七不准」之以貸轉存

《中國大陸銀監會關於整治銀行業金融機構不規範經營的通知》（銀監發〔2012〕3號）明確要求銀行不准以貸轉存，即銀行信貸業務要堅持實貸實付和受託支付原則，將貸款資金足額直接支付給借款人的交易對手，不得強制設定條款或協商約定將部分貸款轉為存款。

天津銀監局曾在2015年對大連銀行天津分行就個人經營性貸款業務存在違規行為，做出行政處罰決定。

一、津銀監罰〔2015〕135號

大連銀行天津分行在承做475萬存單質押個人經營性貸款存在以下問題：一是該筆貸款質押定期存單資金來源於該分行信貸資金，二是對擔保物調查欠審慎。貸前調查中未見分行對質押物進行實地查驗、盤庫的照片及報告等佐證性資料。

處罰決定：責令改正，並處罰款人民幣20萬元。

二、分析與結論

1.「不得以貸轉存」為七不准的第一項要求

這種名義上對企業或個人發放貸款，私下卻要求借款人將一部分資金存回銀行的做法，虛增了銀行存款額和貸款額。銀行將貸款的資金轉為定期存款的「體內循環」手段，喪失了服務實體經濟的意義，反而讓企業承擔了更高的利息。

對於「不得以貸轉存」的規定，不僅在2012年初發布的《中國銀監會關於整治銀行業金融機構不規範經營的通知》中有所規範，在2014年9月銀監會發布的《關於加強商業銀行存款偏離度管理有關事項的通知》中再次強調，商業銀行不得違規吸存、虛假增存等。2016年8月，國務院《降低實體經濟企業成本工作方案的通知》再次指出，完善信貸資金向實體經濟融通機制，降低貸款中間環節費用，嚴禁「以貸轉存」、「存貸掛鉤」等變相提高利率行為。

2. 銀行對動產質押業務的監管風險防範

本案中，銀監單位認為銀行對動產質押時，缺乏實地查驗的現場照片和相關報告，說明銀行對質押物的核實、交付和監管均有疏漏。對於動產質押，中國大陸《物權法》規定，動產質押行為自交付給質權人時發生效力，沒有交付動產質權不成立。

在實際操作中，銀行以出質人自有或者控制的倉庫，做為質物的儲存地點，或者無償租用出質人的倉庫，或者將出質人倉庫內的質物貼上質押標識以期與其他儲存物相區別等形式，都不能達到現實交付的法律效果，人民法院可能會據此做出質物未完成交付而銀行不享有動產質權的不利法律認定。為了避免影響銀行享有的動產質權，銀行應當將質押動產放置在《動產質押合同》當事人以外的第三人倉庫，使質押動產處於銀行或者其委託監管的第三方現實占有和控制下，即使需要以出質人倉庫做為存放地點，也必須與出質人的生產場所或其他倉庫進行隔斷，確保質押動產儲存倉庫的獨立化和區別化。

為避免出現擔保人在動產上設定多重質押或者抵押，導致

動產質權不能實現的情形，銀行在動產質押設立前應對該動產進行核實，查詢該動產上是否存在已經登記的抵押權、質押權等情況，並在《動產質押合同》中特別約定，禁止出質人對出質的動產另行設定抵押、質押，否則即應當承擔相應責任，以切實保障銀行質權的實現。

【21】銀監處罰案例（四）──超比例向關聯方授信

湖南銀監局曾就長沙芙蓉農村合作銀行超比例向關聯方授信予以處罰，說明如下。

一、湘銀監罰〔2011〕8號

長沙芙蓉農村合作銀行對湖南億利達實業有限公司等八戶關聯方發放了貸款15,190萬元，占資本淨額54.25%，超過規定比例4.25個百分點，其中最大一戶關聯貸款為湖南億利達實業有限公司，貸款餘額為3,280萬元，占資本淨額的11.71%，超過規定比例1.71個百分點。

處罰決定：處人民幣20萬元罰款。

二、分析與結論

（一）釐清單一集團客戶授信集中度、單一客戶授信集中度、全部關聯度三個概念

根據《商業銀行風險監管核心指標》（2005年），其中第九條的規定：

第九條 信用風險指標包括不良資產率、單一集團客戶授信集中度、全部關聯度三類指標。

1. 不良資產率為不良資產與資產總額之比，不應高於4%。該項指標為一級指標，包括不良貸款率一個二級指標；不良貸款率為不良貸款與貸款總額之比，不應高於5%。

2. 單一集團客戶授信集中度為最大一家集團客戶授信總額與資本淨額之比，不應高於15%。該項指標為一級指標，包括單一客戶貸款集中度一個二級指標；單一客戶貸款集中度為最大一家客戶貸款總額與資本淨額之比，不應高於10%。

3. 全部關聯度為全部關聯授信與資本淨額之比，不應高於50%。

說明：

1. 單一集團客戶授信集中度=最大一家集團客戶授信總額／銀行資本淨額×100%，該指標應不超過15%。

2. 單一客戶授信集中度=最大一家客戶授信總額／銀行資本淨額×100%，該指標應不超過10%。

3. 全部關聯度=銀行全部關聯方授信總額／資本淨額×100%，該指標不超過50%。銀行關聯方的定義，參見《商業銀行與內部人和股東關聯交易管理辦法》（2004年）。

在《商業銀行與內部人和股東關聯交易管理辦法》第三十二條中，同樣對銀行關聯方及關聯方所在集團客戶授信金額與銀行資本淨額的比例，做出了和《商業銀行風險監管核心指標》一樣的要求，但對於銀行關聯方授信，計算授信餘額時，可以扣除授信時關聯方提供的保證金存款以及質押的銀行存單和國債金額。

（二）關於「單一集團客戶」的理解

根據《商業銀行集團客戶授信業務風險管理指引》：

第三條 本指引所稱集團客戶是指具有以下特徵的商業銀行的企事業法人授信對象：

1. 在股權上或者經營決策上直接或間接控制其他企事業法人或被其他企事業法人控制的。

2. 共同被第三方企事業法人所控制的。

3. 主要投資者個人、關鍵管理人員或與其近親屬（包括三代以內直系親屬關係和二代以內旁系親屬關係）共同直接控制或間接控制的。

4. 存在其他關聯關係，可能不按公允價格原則轉移資產和利潤，商業銀行認為應當視同集團客戶進行授信管理的。

前款所指企事業法人包括除商業銀行外的其他金融機構。

商業銀行應當根據上述四個特徵結合本行授信業務風險管理的實際需要確定單一集團客戶的範圍。

說明：

如果客戶具備前述四個特徵，但存在銀行認可不納入集團客戶管理的情形，則可以將其排除在單一集團客戶之外。比如中國農業銀行認為，如果具備集團客戶特徵，但存在以下情況之一，則不納入集團客戶：

1. 控制方為政府機構或其下屬投資管理類公司者，如果控制方與被控制方不存在關聯交易，且控制方也不做為同一集團客戶管理，可不將控制方和被控制方視為同一集體客戶管理。

2. 提供低信用風險信貸業務。

【22】銀監處罰案例（五）
——關聯企業互保貸款業務不審慎

　　關聯企業貸款互保、聯保現象比較普遍，互保企業除了本身需要歸還銀行貸款資金本息，在承擔了互保責任後，企業還要對被擔保的其他企業承擔連帶還款責任。此時若銀行突然收貸或者要求企業提前還貸，不僅借款人本身面臨無法還款的可能，連其互保企業也有可能因為要承擔連帶還款責任而陷入困境。

　　基於互保貸款具有高傳染性、強隱蔽性等特徵，銀監會要求銀行在授信時，應特別關注和搜集集團客戶及關聯客戶的有關資訊，有效識別授信集中風險及關聯客戶授信風險。

　　天津銀監局曾在2015年對哈爾濱銀行天津分行，就關聯企業互保貸款業務不審慎，做出行政處罰決定。

一、津銀監罰〔2015〕137號

　　A公司、B公司、C公司在哈爾濱銀行天津分行均有授信業務，且三者互為擔保關聯（企業徵信報告顯示）。A公司、C公司存在高管關聯（企業法人代表徵信報告顯示）。A公司6,000萬元授信業務，保證人為C公司、B公司。B公司2,500萬元授信業務，保證人C公司、D公司和E公司。哈爾濱銀行天津分行在互保貸款業務中的違規行為，主要表現為貸前調查不盡職。

　　比如：

　　1. A公司授信業務，借款人和擔保人企業徵信報告及企業法人代表個人徵信報告，顯示借款人和擔保人存在高管關聯及擔保

關聯，而分行貸前調查報告結論為借款人與擔保人無任何關聯關係。

2. B公司授信業務貸前調查報告中關於申請人（借款人）當前融資情況的描述與企業信用報告不符，且未就不一致情況做出補充說明；B公司貸前調查報告中，未對擔保企業經營情況進行分析。

3. 保證人C公司（貸款到期日2014年6月20日）截至2014年6月22日在分行貸款已出現逾期，但是分行內部保留的貸前調查等相關資料未反映該情況。

處罰決定：責令改正，並處罰款人民幣20萬元。

二、分析與結論

1. 關聯企業之間的借款，須遵循「一個債務人原則」，對集團客戶實行統一授信。通過統一授信，控制集團客戶和單一客戶的貸款餘額，可以避免關聯企業因資本虛增而導致信用總量的高估。

2. 充分利用企業徵信系統。無論是貸前還是貸中、貸後，定期查詢關聯企業徵信資訊，及時了解關聯企業客戶的貸款風險預警情況、互保企業的擔保能力是否有發生重大變化，同時需要重點關注關聯企業之間是否存在資金挪用或混用的情況。

3. 合理控制互保規模。比如企業對外擔保戶數不宜超過三戶，對外擔保總額不超過淨資產1.5倍，對單個借款人擔保額不超過淨資產。

4. 由於中國大陸《擔保法》規定，在多個連帶保證條件下，債權人可以要求任何一個保證人承擔全部保證責任，通常銀行都會找最有實力的擔保企業承擔還款責任，這反而可能導致最優質企業在擔保鏈中第一個倒下。由於企業互保的模式無論對企業還是對銀行均有一定風險，因此銀監會要求銀行在授信時應做好相關盡職調查，著重審查借款人的資信狀況、獲利能力、現金流等財務狀況，並加強放貸後事中、事後的追蹤監督。

【23】銀監處罰案例（六）──違規收取財務顧問費

　　銀監會曾就銀行違規收取財務顧問費、諮詢費而予以處罰，案例說明如下。

一、瓊銀監罰〔2015〕3號

　　中國農業銀行股份有限公司海南省分行海口兩家支行，與借款人海口瓊山某公司、海南某公司簽訂《投融資財務顧問服務協議》，協議規定服務內容為：個性化和專業化的專項服務，並分別收取投融資財務顧問費10萬元、96萬元。經比對兩份融資方案策劃諮詢報告中的融資建議，發現該兩家支行對上述不同行業的兩家企業提供的融資建議高度雷同，未根據企業特性和行業情況提供針對性的實質服務。

　　處罰決定：給予分行20萬元罰款。

二、瓊銀監罰〔2015〕4號

　　交通銀行海南省分行給予澄邁某公司發放貸款4,500萬元，並簽訂了《財務顧問（諮詢）業務合作協議》，收取投行類項目顧問費二筆，金額合計148萬元。在《金融服務方案》中擬為該公司推薦的項目建設用地，該公司早已取得了該地塊的開發使用權，且在檔案中並沒有為該公司提供實質性財務顧問服務的相關資料。

　　交通銀行海南省分行給予海南某產業股份有限公司發放貸款4,500萬元，並與該公司簽訂《財務顧問（諮詢）業務合作協

議》，約定向該公司提供上市的相關政策、流程等資訊，出具IPO流程服務方案，收取該公司權益性融資服務費22萬元。經查，截至檢查日，該公司並沒有進行IPO股改相關工作，分行為其提供的金融服務方案僅較為粗略地摘寫IPO權益融資相關政策、流程等資訊，所謂的權益性融資服務並沒有體現圍繞企業境內外IPO以及配股、增發等目標，為客戶提供綜合配套服務。

交通銀行海南省分行與海南某網絡有限公司簽訂《財務顧問（諮詢）業務合作協議》，約定為該公司提供行業分析報告、資訊數據服務及相關理財服務，並收取了13萬元的其他財務顧問費。經查，分行為該公司提供的報告內容是交總行統一印發的交通銀行市場分析報告和交通銀行辦公室編輯的《業務情況通報》，內容簡單、寬泛，並沒有為該公司提供有針對性的市場分析及資訊諮詢服務的相關資料。

處罰決定：給予分行20萬元罰款。

三、分析與結論

在銀行的經營範圍中包括為客戶提供諮詢服務，因此銀行可以收取財務顧問費、諮詢費，但在收費時需要注意兩個重點：

第一，根據《中國銀監會關於支持商業銀行進一步改進小型微型企業金融服務的補充通知》（銀監發〔2011〕94號）：「六、自收到本通知之日起，除銀團貸款外，商業銀行不得對小型微型企業貸款收取承諾費、資金管理費，嚴格限制對小型微型企業收取財務顧問費、諮詢費等費用。」因此銀行不能對小微企業收取財務顧問費或諮詢費。

　　第二，銀監要求銀行提供諮詢服務，必須針對諮詢人實際經營情況及財務結算特點，提供專屬金融服務；不得對未給客戶提供實質性服務、未給客戶帶來實質性收益、未給客戶提升實質性效率的產品和服務收取費用。因此諮詢服務必須有相應的智識成果，而不能提供財務常識性資料等了事。

【24】銀監處罰案例（七）
──違規將單位資金轉入個人帳戶

銀監會曾就銀行違規將單位資金轉入個人帳戶、將單位資金以個人名義開立帳戶存儲而予處罰，案例說明如下。

一、湘銀監罰〔2011〕10號

上海浦東發展銀行長沙分行，違規從在分行開立的湖南金沐貿易有限公司單位帳戶上轉到勞勁松、勞冰清、林輝等個人帳戶33筆款項，金額共計22,666萬元。

處罰決定：罰款人民幣20萬元。

二、湘銀監罰〔2011〕7號

中國建設銀行股份有限公司長沙鐵銀支行多次以分配股利、歸還借款的名義，從貸款企業湖南鑫遠投資集團有限公司或其關聯公司帳戶轉移資金，並以個人名義存儲，在月末或季末虛增個人存款。如：2010年5月31日，以湖南鑫遠投資集團有限公司向譚嶽鑫（公司法人代表人、董事長、實際控制人）支付股利、借款的形式，虛增個人存款額4,000萬元；2010年6月1日，該資金轉回原帳戶。

處罰決定：罰款人民幣25萬元。

三、分析與結論

1. 關於單位資金轉入個人帳戶的規定

《人民幣銀行結算帳戶管理辦法》第四十條：「單位從其銀行結算帳戶支付給個人銀行結算帳戶的款項，每筆超過5萬元的，應向其開戶銀行提供下列付款依據：（一）代發工資協議和收款人清單。（二）獎勵證明。（三）新聞出版、演出主辦等單位與收款人簽訂的勞務合同或支付給個人款項的證明。（四）證券公司、期貨公司、信託投資公司、獎券發行或承銷部門支付或退還給自然人款項的證明。（五）債權或產權轉讓協議。（六）借款合同。（七）保險公司的證明。（八）稅收徵管部門的證明。（九）農、副、礦產品購銷合同。（十）其他合法款項的證明。從單位銀行結算帳戶支付給個人銀行結算帳戶的款項應納稅的，稅收代扣單位付款時應向其開戶銀行提供完稅證明。」

說明：為防止利用個人結算帳戶套取現金、逃稅、洗錢等違法犯罪活動，現行帳戶制度要求從單位銀行結算帳戶向個人銀行結算帳戶支付款項超過5萬元時，付款單位應出具合同、協議、完稅證明等證實確屬個人合法所得的付款依據。對於相關證明文件，由付款單位對此支付款項事由的真實性、合法性負責，銀行僅做形式審查，不做實質性審查。

2. 關於將單位資金以個人名義開立帳戶存儲的規定

《中華人民共和國商業銀行法》第七十九條：

有下列情形之一，由國務院銀行業監督管理機構責令改正，有違法所得的，沒收違法所得，違法所得5萬元以上的，並處違法所得

一倍以上五倍以下罰款；沒有違法所得或者違法所得不足5萬元的，處5萬元以上50萬元以下罰款⋯⋯（三）將單位的資金以個人名義開立帳戶存儲的。

《金融違法行為處罰辦法》第十五條：

金融機構辦理存款業務，不得有下列行為：⋯⋯（二）明知或者應知是單位資金，而允許以個人名義開立帳戶存儲⋯⋯金融機構有前款所列行為之一的，給予警告，沒收違法所得，並處違法所得一倍以上三倍以下的罰款，沒有違法所得的，處5萬元以上30萬元以下罰款。

說明：為防止公款私存，出現為隨意支配使用公款提供方便的「小金庫」，造成單位資金流失現象，商業銀行法明確規定任何單位和個人不得將單位的資金以個人名義開立帳戶存儲。更不允許為了滿足銀行對存款資金量的考核要求，而在明知是單位元資金的情況下，故意操作公款私存。

【25】銀監處罰案例（八）
——貸款發放和貸後管理違規

《流動資金貸款管理暫行辦法》、《個人貸款管理暫行辦法》、《固定資產貸款管理暫行辦法》和《項目融資業務指引》，並稱「三個辦法一個指引」，其中對貸款發放和貸後管理做出了明文規定。

天津銀行局曾對天津農村商業銀行貸款發放和貸後管理違規，進行處罰，此案例說明如下。

一、津銀監罰〔2015〕139號

天津農村商業銀行向A公司所發放的12,600萬元經營性物業抵押貸款存在以下違規問題：

（一）未滿足條件發放貸款

截至2013年四季度發生逾期時，二號樓仍未完成裝修。不符合《天津農商銀行經營性物業抵押貸款操作規程》第八條「經營性物業須具備的基本條件：……（二）已竣工驗收合格，辦妥經營性物業產權，可投入商業運營」的要求。

（二）貸後管理不到位

1. 借款企業還款來源不足，未預警並採取措施。

2. 貸後抵押物再抵押甚至被查封，未發起預警並採取措施。

3. 貸後資訊搜集不及時、不完整。一是未查詢列印徵信報告，二是未反映客戶股權變更情況，三是未對客戶資金進行定期監測，四是同一期貸後報告抵押物狀態前後表述不一致，五是貸

後管理中未對自有資金進行核實。

處罰決定：責令改正，並處罰款人民幣30萬元。

二、分析與結論

台資銀行的貸款業務中，最常見的是固定資產貸款和流動資金貸款。中國大陸銀監會對這兩類貸款均有專門的規定，規範銀行從事固定資產貸款和流動資金貸款業務經營行為，應審慎經營管理。

以本案為例，《固定資產貸款管理暫行辦法》（銀監會令2009年第2號）第三十條：「貸款人應定期對借款人和項目發起人的履約情況及信用狀況、項目的建設和運營情況、總體經濟變化和市場波動情況、貸款擔保的變動情況等內容進行檢查與分析，建立貸款質量監控制度和貸款風險預警體系。出現可能影響貸款安全的不利情形時，貸款人應對貸款風險進行重新評價並採取針對性措施。」第三十三條：「貸款人應對固定資產投資項目的收入現金流以及借款人的整體現金流進行動態監測，對異常情況及時查明原因並採取相應措施。」第三十五條：「借款人出現違反合同約定情形的，貸款人應及時採取有效措施，必要時應依法追究借款人的違約責任。」

上述規定說明，銀行應完善內部控制機制，實行貸款全流程管理，全面了解客戶和項目資訊。

同時，《商業銀行授信工作盡職指引》（銀監發〔2004〕51號）第四十一條：「商業銀行授信實施後，應對所有可能影響還款的因素進行持續監測，並形成書面監測報告。重點監測以下內

容：（一）客戶是否按約定用途使用授信，是否誠實地全面履行合同；（二）授信項目是否正常進行；（三）客戶的法律地位是否發生變化；（四）客戶的財務狀況是否發生變化；（五）授信的償還情況；（六）抵押品可獲得情況和質量、價值等情況。」

上述規定說明，銀行應定期對借款人的履約情況及信用狀況、項目的建設和運營情況、總體經濟變化和市場波動情況、貸款擔保的變動情況等內容，進行檢查與分析，建立貸款質量監控制度和貸款風險預警體系。萬一出現可能影響貸款安全的不利情形時，銀行應對貸款風險進行重新評價，並採取針對性措施。

【26】「三套利」治理要點（一）──監管套利

　　防風險、去槓桿、重合規，是2017年金融監管的關鍵詞。中國大陸銀監會辦公廳於2017年3月29日發布《關於開展銀行業「監管套利、空轉套利、關聯套利」專項治理的通知》（銀監辦〔2017〕46號），要求銀行承擔起風險管控的主體責任，建立銀行體系與資本市場、債券市場、保險市場、外匯市場之間的防火牆，自查各類業務中是否存在「三套利」行為。

　　監管套利是銀行業金融機構通過違反監管制度或監管指標要求來獲取收益的套利行為，主要指「規避監管指標套利」和「規避監管政策違規套利」兩項行為。具體說明如下：

一、規避監管指標套利

　　1. 規避信用風險指標。比如：通過各類資管計畫（包括券商、基金、信託、保險、期貨等）違規轉讓等方式，實現不良資產非潔淨出表或虛假出表；通過調整貸款分類、重組貸款、虛假盤活、過橋貸款、以貸收貸、平移貸款等掩蓋不良，降低信用風險指標或調整撥備充足率指標；低估抵債資產的損失程度，或抵債資產減值準備計提不足；同業融入資金餘額占負債總額超過三分之一。

　　2. 規避資本充足指標。比如通過違規提供同業增信，或通過借助券商、基金、信託、保險、期貨等通道方，設立定向資管計畫、有限合夥股權理財融資等模式；通過賣出回購或以表內資產

設立附回購協議的財產權信託等模式，將金融資產違規出表或轉換資產形態以達到調節監管指標的目的。

3. 規避流動性風險指標。比如利用票據業務，以票吸存虛增存貸款；通過同業業務倒存，將同業存款或理財資金轉為一般性存款；將非標資產人調整為按照標準資產核算，影響流動性指標等。

4. 規避其他類指標。比如通過理財業務與自營業務之間相互交易，規避信貸規模控制或將自營資產出表或減低信用風險加權資產；本行自營資金購買本行理財產品；違規辦理同業代理轉貼現業務，隱匿信貸資產規模。

二、規避監管政策違規套利

1. 違反宏觀調控政策套利。重點檢查銀行業金融機構是否貫徹落實國家行業調控政策和信貸調控政策。比如信貸資金是否借道建築業或其他行業，投向房地產和「兩高一剩」行業領域；通過同業非標投資、理財投資等方式，對「僵屍企業」以及環保排放不達標、嚴重汙染環境且整改無望的落後企業提供授信

2. 違反風險管理政策套利。比如放鬆風險管理或授信條件，以形式審查替代實質審查，為不符合條件的客戶辦理授信業務；放鬆信用證結算管理，使企業挪用信用證結算回款，套取銀行信用。

3. 利用不正當競爭套利。比如對不符合固定資產貸款標準的企業和項目，改為發放流動資金貸款；辦理無真實貿易背景票據貼現非法牟利；通過簽訂「陰陽合同」或抽屜協議等行為，為非保本理財提供保本承諾。

4.增加企業融資成本套利。重點檢查是否存在違反「七不准」的行為，比如要求客戶接受不合理中間業務或對其他金融服務收取費用；發放貸款或以其他方式提供融資時，強制捆綁搭售理財、保險、基金等金融產品；將經營成本以費用形式轉嫁給客戶；以存款做為審批和發放貸款的前提條件；對小微企業貸款收取承諾費、資金管理費等。

【27】「三套利」治理要點（二）──空轉套利

　　空轉套利，是指銀行業金融機構通過多種業務，使資金在金融體系內流轉而未流向實體經濟，或通過拉長融資鏈條後再流向實體經濟，來獲取收益的套利行為。主要包括信貸、票據、理財、同業空轉，具體說明如下：

一、信貸「空轉」

　　信貸空轉主要包括：

　　1. 以虛增存款和中間業務收入為目的，為企業組合辦理表內外融資業務，拉長融資鏈條，造成資金低效空轉，增加企業負擔。

　　2. 以本行表內表外融資違規置換他行表內表外融資等方式，用於企業舉新債還舊債，資金未被真正用於生產經營。

　　3. 多頭過度授信集團企業及個人信用貸款領域，信貸資金被挪用於委託貸款、理財、信託、證券市場等。

　　4. 違規發放「搭橋貸款」，套取銀行資金進行民間借貸及投向高利率行業。

二、票據「空轉」

　　票據空轉主要包括：

　　1. 循環開立無真實貿易背景的承兌匯票並辦理貼現，套取保證金，虛增存款和中間業務收入的情況。

　　2. 通過組合運用賣斷、買入返售、買斷轉貼等方式，將票據在資產負債表內轉移出去，以逃避信貸規模管控、賺取買賣差價

的行為。

3. 借助跨業合作通道，通過信託、券商等「通道」模式，運用理財資金投資票據資產的行為。

4. 違規辦理不與交易對手面簽、不見票據、不出資金、不背書的票據轉貼現「清單交易」業務。

5. 違規配合客戶辦理無風險敞口、無真實貿易背景銀行承兌匯票業務進行套利，導致資金在銀行體系空轉。

三、理財「空轉」

理財空轉主要包括：

1. 以理財資金購買理財產品的現象。

2. 非銀行機構利用委外資金進一步加槓桿、加久期、加風險等現象。

3. 理財資金為各類監管套利提供支援的情況。

4. 利用同業理財購買本行同業存單現象。

四、同業「空轉」

同業空轉主要包括同業資金空轉和同業存單空轉兩類。同業資金空轉主要包括：

1. 通過同業存放、賣出回購等方式吸收同業資金，對接投資理財產品、資管計畫等，放大槓桿、賺取利差。

2. 通過同業投資等管道充當他行資金管理「通道」，賺取費用，而不承擔風險兜底責任（信託公司開展的風險管理責任劃分清晰的事務管理類信託除外）。

3. 通過同業繞道，虛增資產負債規模、少計資本、掩蓋風險等現象。

同業存單空轉，主要指通過大量發行同業存單，甚至通過自發自購、同業存單互換等方式，來進行同業理財投資、委外投資、債市投資，導致期限錯配，加劇流動性風險隱患；延長資金鏈條，使得資金空轉套利，脫實向虛。

銀行資金空轉的複雜流轉過程勢必導致銀行對資金掌控能力降低，資金僅在金融體系內流轉而不流向實體經濟，形成了金融產業虛假繁榮，隱含了很多市場風險。銀監單位此舉，目的在於通過收縮銀行空轉業務，提升銀行業務的健康發展。

【28】「三套利」治理要點（三）──關聯套利

關聯套利，是指銀行業金融機構通過利用所掌握的關聯方或附屬機構資源，通過設計交易結構、模糊關聯關係和交易背景等形式，規避監管獲取利益的套利行為。主要包括違規向關聯方授信、轉移資產或提供其他服務；違反或規避並表管理規定兩類，具體說明如下：

一、違規向關聯方授信、轉移資產或提供其他服務

商業銀行與關聯方之間發生的授信、資產轉移、提供服務或其他關聯交易，應受銀監會《商業銀行與內部人和股東關聯交易管理辦法》的約束。

而本次關聯套利整治要點，主要看銀行是否存在違反或規避以下三方面的行為。

（一）違反或規避限制性政策規定

1. 以降低定價標準、貸款貼息、騰挪收益、顯性或隱性承諾等方式變相優化關聯交易條件。

2. 向關聯方的融資行為提供顯性或隱性擔保。

3. 通過掩蓋或不盡職審查關聯關係、少計關聯方與商業銀行的交易、以不合格風險緩釋因素計算對關聯方授信風險敞口、「化整為零」等方式，規避重大關聯交易審批。

4. 借道其他銀行、信託、證券等同業機構，向關聯方間接提供授信資金，規避向已發生授信損失的關聯方授信的情況。

5. 通過投資關聯方設立的基金、合夥企業等，違規轉移信貸資產，並規避關聯交易審批的情況。

6. 通過關聯方進行利益輸送、調節收益及本行資產負債表等行為。

（二）違反或規避關聯授信集中度控制

1. 向關聯方所在集團統一授信是否覆蓋全部關聯企業，是否存在通過掩蓋或不盡職審查關聯方的關聯關係，規避關聯授信集中度控制。

2. 未按「穿透原則」認定關聯方和關聯方所在集團授信或未真實反映風險敞口，規避關聯授信集中度控制。

現有規範對商業銀行對關聯方授信有三個指標：

（1）銀行對一個關聯方的授信餘額，不得超過商業銀行資本淨額的10%。

（2）銀行對一個關聯法人或其他組織所在集團客戶的授信餘額，總數不得超過商業銀行資本淨額的15%。

（3）銀行對全部關聯方的授信餘額，不得超過商業銀行資本淨額的50%。

（三）違反或規避股權管理規定

1. 通過掩蓋關聯關係、股權代持、股權轉讓等方式，違規超比例持有商業銀行股權，變更持股或股份總額5%以上的股東。

2. 在增資擴股、引入戰投、員工持股、股權激勵等實施過程中，存在股權定價偏低、「低買高賣」等違規向關聯方、高管層等輸送利益的情況。

3. 以股權提供質押反擔保等，變相接受本行股權做為質押提供授信的情況。

4. 股東質押本行股權，存在高估股權價值，套取信貸資金、放大股權風險的情況。是否存在通過控制關聯子公司並為子公司提供資金等方式，間接控制本行或他行股權。

根據現有規範，外商獨資銀行、中外合資銀行變更股東或者調整股東持股比例，由銀監會審查和決定；對於中資銀行中的國有商業銀行、郵政儲蓄銀行、股份制商業銀行，若持有資本總額或股份總額5％以上股東的變更，則需要銀監會審查和決定；對於中資銀行中的城市商業銀行，若持有資本總額或股份總額5％以上股東的變更，則由所在地銀監局受理、審查並決定。鑒於近年來商業銀行在股東結構方面多發風險事件，因此監管部門對違反股權管理規定的行為進行「高壓」整治。

二、違反或規避併表管理規定

違反或規避併表管理的主要行為，比如：借道相關附屬機構，利用內部交易轉移資產，調節業務規模以及不良、撥備、資本等監管指標的情況；利用境內外附屬機構變相投資非上市企業股權、投資性房地產；通過購買QDII產品等，投資國內房地產企業在境外發行的債券等。

【29】銀行業「三違反」重點分析

2017年3月29日，中國大陸銀監會辦公廳發布《關於開展銀行業「違法、違規、違章」行為專項治理工作的通知》（銀監辦發〔2017〕45號，以下稱45號文）。銀監會表示，為防控金融風險，治理金融亂象，打擊違法違規違章行為，督促銀行業金融機構加強合規管理，為實體經濟提供更好的服務，決定在銀行業金融機構中全面開展「違反金融法律、違反監管規則、違反內部規章」（簡稱「三違反」）行為專項治理工作，要求銀行做到「管好自己的員工，做好自己的業務，看好自己的資金」。

45號文顯示，當前銀行業金融機構制度存在一些漏洞和「牛欄關貓」現象，有章不循、違規操作等問題屢查屢犯、屢罰屢犯，必須進行全面治理。通過開展「三違反」行為專項治理，促使銀行業金融機構進一步深化合規文化建設，築牢依法依規依章經營的制度基礎和機制保障，消除風險管控盲區，切實做到令行禁止，著力打造「鐵的信用、鐵的制度、鐵的紀律」，確保「不越監管底線、不踩規章紅線、不碰違法違規高壓線」。

銀行內部對「三違反」的自查工作，主要圍繞以下四個方面進行：

1.制度建設方面，通過全面梳理各項內部制度，排查制度與監管法律、法規、規章和指導性文件等監管規定的對接情況，檢查內部制度的全面性、完善性、合規性。梳理各類規章制度，填補制度空白，更新滯後於業務和發展的規則。

2. 合規管理方面，檢查合規文化的塑造，合規意識與經營戰略和風險偏好的結合，合規管理體系的建立和運行、合規行為激勵等。

3. 風險管理方面，檢查全面風險管理體系的建立和運行情況，特別是流動性風險管理情況。

4. 人事管理方面，緊盯關鍵職位、關鍵人員，重點關注二級及以下分支行機構及其負責人，發揮內部管理「第一道閘門」的作用。

「三違反」行為專項治理工作，是監管部門在新形勢下治理金融亂象、防控金融風險、規範穩健發展、促使銀行業回歸本源、提供實體經濟更好服務的重要舉措。同時，銀監會通過「一案三問」（一個案件問責當事人、知情人和機構負責人）、「一險三問」（出現一個風險要問責業務發起人、業務審批人及機構負責人）、「一損三問」（出現損害金融消費者事件要問責銷售人、核准人和機構負責人）等方式，處理違規銀行及個人。因此，目前銀監會積極推動建立銀行從業人員「灰名單」和「黑名單」，「灰名單」是指有違規違紀的行為但從輕處理的從業人員，以此告誡銀行業金融機構審慎任用，後果自負。而對於嚴重違規違紀、被機構開除的責任人員，一律列入黑名單，實施行業禁入，防止高管帶「病」流動、提拔。

【30】銀行業「四不當」重點分析

　　2017年4月6日，中國大陸銀監會辦公廳發布《關於開展銀行業「不當創新、不當交易、不當激勵、不當收費」專項治理工作的通知》（銀監辦發〔2017〕53號），以進一步提升銀行業服務實體經濟質效，規範經營行為，維護金融秩序，防控金融風險。

　　銀行內部對「四不當」的整治檢查要點，主要圍繞以下四個方面進行：

　　（一）在「不當創新」方面，分為「治理機制」和「管理制度」兩個層面進行重點檢查。

　　比如，在「治理機制」層面，需要判斷銀行內部的董事會和高級管理層，是否知悉本機構的金融創新業務、運行情況以及市場狀況；是否準確認識金融創新活動的風險，是否定期評估、審批金融創新政策和各類新產品的風險限額，使金融創新活動限制在可控的風險範圍之內。

　　在「管理制度」層面，需要判斷銀行是否建立並實施開展金融創新的內部管理制度，重點對以下新產品和新業務進行風險識別和評估、壓力測試：1. 開發新產品；2. 對現有產品進行重大改動；3. 拓展新的業務領域；4. 設立新機構；5. 從事重大收購和投資。上述經營活動事先應取得風險管理部門、法律合規部門的審核同意，並獲得董事會或其授權的專門委員會批准。

　　（二）「不當交易」方面著重檢查的業務，包括銀行同業業務、銀行理財業務、信託業務。

　　1. 銀行同業業務應自查同業投資（是否對特定目的載體投資實施穿透管理至基礎資產，是否存在多層嵌套難以穿透到基礎資產的情況）、同業融資〔同業融資中買入返售（賣出回購）業務項下金融資產是否符合規定；賣出回購方是否存在將業務項下的金融資產轉出資產負債表等行為〕、監管指標執行（比如：同業借款業務期限是否超過三年，其他同業融資業務期限是否超過一年，業務到期後是否展期；若將商業銀行所持有的同業存單計入同業融出資金餘額，是否超過銀行一級資本的50%；若將商業銀行發行的同業存單計入同業融入資金餘額，是否超過銀行負債總額的三分之一）、內部管理方面（是否違規對同業業務接受或提供直接或間接、顯性或隱性的第三方金融機構信用擔保等）。

　　2. 銀行理財業務檢查要點的不當交易方面，包括：是否存在理財產品投資本行或他行發行的理財產品的行為，是否存在本行自有資金購買本行發行的理財產品的行為等。

　　3. 信託業務檢查，主要集中於信託公司內部或信託公司之間、信託公司與銀行之間、信託公司與其他資管機構之間、信託公司與非金融機構之間的不當交易。當銀行與信託公司開展業務合作時，銀行應自查是否存在未以合同形式明確訂出各參與方風險管理責任，可能導致法律糾紛或投資者訴訟的情形等。

　　（三）「不當激勵」方面，銀行自查包括考評指標設置、考評機制管理、薪酬支付管理等。

　　（四）「不當收費」方面，銀行應在收費行為規範、價格資訊披露、內部管理程序三個方面進行自查，檢查重點在於：

1. 向客戶收取服務費用時，是否有對應明確的服務內容，是否存在無實質性服務、未提升實質性效率的收費項目。

2 是否存在多收費、少服務，超出價格目錄範圍收費的行為。

3. 是否存在以貸轉存、存貸掛鈎、以貸收費、浮利分費、借貸搭售收費、一浮到頂、轉嫁成本等七類附加不合理貸款條件的違法違規行為。

4. 是否按照規定在營業場所或網站主頁及時公示銀行服務項目，是否嚴格執行政府定價和指導價收費。

5. 是否建立價格行為違規問責機制和服務價格投訴管理制度等。

第二篇

外匯

【31】吸引外商投資最新規定分析

中國大陸官方近期連續推出吸引外商投資政策，台商應結合這些新規定，並利用資本市場進行併購或上市融資等模式，重新定義在中國大陸的獲利模式。

中國大陸官方最近不斷推出新規定和政策指導文件，要求各級政府與部門單位加大吸引外商投資力度，國務院更在2017年8月8日制定完成國發39號文《國務院關於促進外資增長若干措施的通知》，並在8月17日正式對外公布，從外商投資管理體制、境內利潤再投資稅收優惠、行業開放、積極發展地區總部、開發區強化外資項目用地保障、便利海外人才來華工作等多方面，重新完善外商投資中國大陸商業環境。

其實不只39號文，從最新版的《外商投資產業指導目錄》，或是2017年版的自貿區負面清單，及最新修訂的《外商投資企業設立及變更備案管理暫行辦法》，都可以看出中國大陸官方近期急欲刪減限制外商投資的產業範圍，進一步體現簡政放權和追求投資效率的外商投資改革方向。

台商可從以下兩方面，觀察到近期中國大陸官方吸引外商投資的態度轉變。

一、准入前國民待遇和負面清單

「准入前國民待遇＋負面清單」的外資管理模式，是現階段世界各國吸引外商投資常見的高標準原則，前者的「准入前國民待遇」是指外商在中國大陸設立、取得和擴大投資等階段，官

方分別給予外商不低於中國大陸本地投資者的待遇和條件;至於「負面清單」,則是指在清單範圍內的行業,外商不得投資,除此之外的行業,外商都可以合法申請投資。

其實上海自貿區等全國自貿區,早就在推動「准入前國民待遇＋負面清單」的外商管理制度,也將外商投資企業的商務備案與工商登記,實行「單一窗口、單一表格」受理制度,大大簡化過去外商投資中國大陸過程中為人詬病的各種繁文縟節。

二、利潤在中國大陸境內再投資,享稅收優惠

這是指外商在中國大陸投資設立的公司獲利後,不直接將利潤分配回境外母公司,而是將利潤留在中國大陸,投資於官方鼓勵的項目,國務院要求國家稅務總局針對此類外商,研究實行遞延納稅的稅收優惠做法。遞延納稅雖然只是暫不徵收預提所得稅,將應納稅款推遲一定期限後繳納,並未能直接減少應納稅額,但遞延納稅從短期來看,還是會有利於外商在中國大陸境內的資金調度,也能節省利息支出等財務費用。國務院其實最想把服務外包示範城市的技術先進型服務企業所得稅優惠模式,推廣到全國,引導更多外商將在中國大陸的獲利投向高技術、高附加價值的服務業。

另外,國務院還鼓勵地方政府推出方案吸引跨國公司設立地區總部,並且允許以併購方式設立外商投資企業,同時強化外商智慧財產權保護,商務部也在7月30日頒布修訂後的《外商投資企業設立及變更備案管理暫行辦法》中,把未來涉及負面清單以外的事項,或是併購設立外商投資企業等,都納入備案管理範圍,

希望藉此達到簡化外資併購程序、提高併購效率的目的。

　　台商除了應注意此次國務院督促各級政府拿出具體吸引外商政策的39號文外，還應該結合之前證監會建立多層次資本市場，和各級政府鼓勵台商利用中國大陸資本市場，調整台商在中國大陸投資的商業模式，掌握官方政策，善用地方資源，是所有外商在中國大陸投資經商想要獲利的不二法門。

【32】台資銀行中國大陸業務開放新規

2017年3月17日中國大陸銀監會辦公廳發布《關於外資銀行開展部分業務有關事項的通知》（以下簡稱「12號文」），對外資銀行開展國債承銷業務、託管業務、財務顧問業務、與境外母行開展業務協作、投資境內銀行等，明確提出監管政策。

對台資銀行而言，業務放開的影響在於以下五方面：

1. 無須獲得中國大陸銀監會行政許可，台資法人銀行可開展國債承銷業務。當然，國債承銷團資格仍必須透過中國大陸財政部以公布准入名單的方式取得。據悉，截至目前，儲蓄承銷團成員中並沒有外資銀行或外國銀行分行，記帳式承銷團中僅有兩家外資銀行（渣打和摩根大通）。

2. 無須獲得中國大陸銀監會行政許可，台資法人銀行、台資銀行分行可開展託管業務。在社保基金、公募基金、私募基金等各類託管業務中，QDII和QFII託管業務，是台資銀行可能切入和獲益的託管領域。做為QFII託管人，法規要求不少於80億元人民幣的實收資本。對於台資銀行分行而言，實收資本條件可按其境外總行的計算，但對於台資法人銀行而言，因實收資本規模並不大，可能短期內無法開拓QFII託管業務。

QDII業務中的核心是資金跨境劃轉和境外託管，台資銀行可按照目前法規要求，配備開辦代客境外理財託管能力的專業部門和人員，並符合具備安全高效的清算交割能力、三年內沒有重大違反外匯管理規定的紀錄等要求。

3. 此次12號文開放台資法人銀行和台資銀行分行無須銀監會

行政許可，開展財務顧問等諮詢服務業務，但事實上台資銀行經營範圍均已取得「提供資信調查和諮詢服務」項目，因此本次12號文拓展此項資格意義不大。必須注意的是，銀行收取財務顧問費用時，應針對諮詢人實際經營情況及財務結算特點，提供專屬金融服務，若未對客戶提供實質性服務、未能帶給客戶實質性收益、未能為客戶提升實質性效率的諮詢服務，不可收取費用。

4. 此前中國大陸銀監會不允許境外金融機構未經許可在中國大陸境內開展業務，而12號文明確允許在華外資銀行通過與境外母行或聯行開展集團內跨境協作，比如為母行集團客戶關係的日常維護、跨境協作、客戶風險控制、法律合規等提供服務。但值得引起關注的是，12號文強調外資銀行應明確劃定自身在母行提供業務協作服務的職責和利潤分配機制，並定期向銀監報告。這說明外資銀行與母行或聯行的跨境協作情況，將納入銀監日常監管。對此，台資銀行應予以充分注意，對境外母行員工拜訪境內客戶的頻率、推薦境外產品和服務的尺度，以及分配利潤給提供協助的中國大陸境內分行等方面，採取相應風險控制措施。

5. 12號文允許台資法人銀行在風險可控的前提下，投資境內銀行業金融機構。在投資主體方面，既可以選擇境外母行，也可以選擇在華法人銀行。

台資銀行的優勢仍在於跨境，在台灣的母行可以提供充足的資金來源。因此在中國大陸業務大幅開放政策下，台資銀行可發揮與母行開展跨境協作的優勢，在滿足台資企業於中國大陸投資發展業務的融資需求基礎上，利用本身的國際化優勢，為客戶提供跨境綜合金融服務。

【33】轉口貿易外匯政策解析

轉口貿易通常指的是，交易的貨物經過第三國或協力廠商，間接由生產國運往消費國，物權憑證為海運提單。生產國與消費國之間並不直接發生交易關係，而是國內中間商分別與兩個境外上下游供銷客戶簽訂供貨和購貨合同。

《進口付匯核銷貿易真實性審核規定》（〔98〕匯國函字第199號）中明確規定，轉口貿易的收入外匯金額須大於原進口付匯金額，銀行在付匯時應審核收帳通知或結匯水單。

《國家外匯管理局關於進一步改進貿易外匯收匯與結匯管理有關問題的通知》（匯發〔2006〕49號）規定：

（一）屬於先支後收轉口貿易外匯收入的，憑對應的蓋有銀行業務章的貿易進口付匯核銷單（企業留存聯）正本、轉口貿易合同辦理結匯。

屬於先收後支轉口貿易外匯收入的，在辦理轉口貿易對外支付前不得結匯；在完成對外支付後，餘額部分憑對應的蓋有銀行業務章的貿易進口付匯核銷單（企業留存聯）正本、轉口貿易合同辦理結匯。

2010年，外匯局頒布了《關於實施進口付匯核銷制度改革有關問題的通知》（匯發〔2010〕57號），對企業實行A、B、C類的名錄管理，著重強調核查進口單位進口付匯的真實性和一致性。對於核查期內轉口貿易收匯金額與相應付匯金額的比率小於90%或大於110%，且收付匯差額大於等值100萬美元者，外匯

局可實施現場核查，檢查企業轉口貿易的真實性。辦理轉口貿易時，A類企業可按原規定辦理付匯業務，B類企業須實行事後逐筆報告，C類企業實行事前經外匯局登記。

2011年頒布的《關於進一步加強外匯業務管理有關問題的通知》（匯發〔2011〕11號）中規定：

二、加強轉口貿易外匯管理。轉口貿易項下外匯收入應在企業進行相應轉口貿易對外支付後方可結匯或劃轉。銀行收到轉口貿易外匯收入應當轉入企業待核查帳戶；企業將轉口貿易收入結匯或劃轉到經常項目帳戶時，應當向銀行提交相應的轉口貿易出口合同、進口合同、收匯及付匯憑證；銀行審核相關單證後方可為企業辦理結匯或劃轉手續。轉口貿易收入結匯或劃轉金額超過相應支出金額20%的，企業應當持上述單證向當地外匯局申請；經當地外匯局核准後，銀行方可為企業辦理相應結匯或劃轉手續。

同時規定，B類企業不得辦理同一合同項下收支日期間隔超過九十天（不含）的轉口貿易外匯收支業務，C類企業不得辦理轉口貿易外匯收支業務。

《國家外匯管理局關於加強外匯資金流入管理有關問題的通知》（匯發〔2013〕20號）規定：

B類企業轉口貿易項下外匯收入，應在其進行相應轉口貿易對外支付後方可結匯或劃轉；同一筆轉口貿易業務的收支應當在同一家銀

行辦理；新簽訂的轉口貿易合同，其收入和支出的結算貨幣應當同為外匯或人民幣。

《國家外匯管理局關於進一步促進貿易投資便利化完善真實性審核的通知》（匯發〔2016〕7號）規定：

五、規範貨物貿易離岸轉手買賣外匯收支管理。銀行為企業辦理離岸轉手買賣收支業務時，應逐筆審核合同、發票、真實有效的運輸單據、提單倉單等貨權憑證，確保交易的真實性、合規性和合理性。同一筆離岸轉手買賣業務應在同一家銀行網點採用同一幣種（外幣或人民幣）辦理收支結算。

貨物貿易外匯管理分類等級為B類的企業暫停辦理離岸轉手買賣外匯收支業務。

從上述羅列的轉口貿易外匯法規變動可以看出，政策從之前的注重形式審核（收匯大於付匯）變為更注重實質（交易的真實性審核），另由於轉口貿易的特殊性，真實性審核困難，容易變成套利套匯工具，外匯局不允許B、C類企業從事轉口貿易。

【34】跨境資產轉讓規定分析（一）

跨境資產轉讓由於涉及因素較為複雜，實務中雖有較大的需求，且政策上對跨境資產轉讓也有支持，但法規上一直未有明確操作程序，實務中操作較為困難。

一、目前主要的跨境資產轉讓法規

1. 《金融資產管理公司吸收外資參與資產重組與處置的暫行規定》（對外貿易經濟合作部令2001年第6號）

第二條　資產管理公司可以通過吸收外資對其所擁有的資產進行重組與處置。

第三條　吸收外資參與資產重組與處置應從國民經濟戰略調整的高度出發，通過吸收外資盤活不良資產，引進先進管理經驗、資金和技術，對企業進行技術改造，促進國有企業改革和現代化企業制度的建立。要防止以炒作資產為唯一目的的短期交易及企業逃廢債務。

第四條　資產管理公司吸收外資進行資產重組與處置，應符合國家指導外商投資的產業政策。文化、金融、保險以及《外商投資產業指導目錄》中禁止外商投資類領域，不列入吸收外資參與資產重組與處置的範圍。《外商投資產業指導目錄》中規定須中方控股的項目，外資參與重組後原則上應繼續保持中方控股。

第五條　重組與處置的資產範圍

（一）資產管理公司擁有的企業股權，包括：資產管理公司對企業實施債轉股後取得的股權，資產管理公司對欠債企業進行重組後擁

有的股權，資產管理公司以其他方式擁有的股權。

（二）資產管理公司有支配處置權的企業實物資產。

（三）資產管理公司擁有的企業債權。

第六條　重組與處置資產的方式

（一）資產管理公司對其擁有的非上市公司的股權、債權進行重組後向外商出售或轉讓。

（二）資產管理公司直接向外商出售、轉讓其擁有的非上市公司的股權和債權。

（三）資產管理公司通過協議轉讓、招標、拍賣等方式向外商出讓其擁有的實物資產。

（四）資產管理公司以其擁有的企業股權、實物資產作價出資，在原企業基礎上與外商組建外商投資企業。

第七條　資產管理公司重組與處置資產時，應與企業其他投資者協商，在同等條件下，其他投資者有優先購買權。

2.《國家發展和改革委員會國家外匯管理局關於規範境內金融機構對外轉讓不良債權備案管理的通知》（發改外資〔2007〕254號）

一、境內金融機構向境外投資者轉讓不良債權，形成境內機構對外負債，轉讓不良債權的境內金融機構要參照《外債管理暫行辦法》（國家發展計畫委員會、財政部、國家外匯管理局令第28號）的規定，向國家發展改革委和國家外匯管理局申報並納入外債管理。

　　二、國家發展改革委會同國家外匯管理局根據我國外債結構、國際收支狀況、國內不良債權規模和處置市場發展情況，對境內金融機構對外轉讓不良債權形成的外債進行管理。

　　三、從事對外轉讓不良債權的境內金融機構應於每年11月30日前向國家發展改革委報送下一年度對外轉讓不良債權計畫，包括現有不良債權基本情況、下一年度擬對外轉讓債權及擬轉讓債權回收情況預測。

【35】跨境資產轉讓規定分析（二）

（續上篇法規規定）

3.《關於做好對外轉讓債權外債管理改革有關工作的通知》（發改外資〔2016〕1712號）

一、境內金融機構向境外投資者轉讓不良債權，形成境內企業對外負債，適用《國家發展改革委關於推進企業發行外債備案登記制管理改革的通知》（發改外資〔2015〕2044號）有關規定，統一納入企業外債登記制管理。

二、境內金融機構對外轉讓不良債權登記申請資料應包括下列：

（一）對外轉讓不良資產情況（帳面本金、利息總額、主要構成、地域分布、協力廠商評估意見）。

（二）對外轉讓協議。

（三）在新聞媒體上公開發布的處置公告。

（四）境外投資者企業註冊證明、有關書面承諾及資信業績情況證明文件。以境外特殊目的公司（SPV）形式購買不良債權，不能充分證明資信業績狀況的，要提供控股母公司的證明文件。

（五）公證機構對轉讓過程出具的公證書（不良債權簡況、轉讓方式、參與轉讓的主要境內外投資者、相關報價）。

（六）律師事務所出具的法律意見書。

三、對外轉讓不良債權的境內金融機構收到國家發展改革委出具的登記證明後，可向外匯主管部門申請辦理外債登記及資金匯兌。

4.《外債登記管理辦法》（匯發〔2013〕19號）

《外債登記管理辦法》附件1-3中「第十一、對外處置不良資產涉及的外匯收支和匯兌核准」，根據《金融資產管理公司吸收外資參與資產重組與處置的暫行規定》（對外貿易經濟合作部令2001年第6號）及《國家發展和改革委員會國家外匯管理局關於規範境內金融機構對外轉讓不良債權備案管理的通知》（發改外資〔2007〕254號）的規定，金融資產管理公司可向境外機構出售不良資產，其要求審核規定如下：

（1）金融資產管理公司集中對外轉讓境內不良資產時，應在取得國家發展和改革委員會的備案或核准後十五個工作日內，就不良資產對外轉讓過程中的外匯收支和匯兌管理事項安排向國家外匯管理局申請核准。

（2）金融資產管理公司在向外方轉讓不良資產時取得的各項外匯收入，應及時、足額調回境內。

（3）封包期內資產包內債權的處置回收款、金融資產管理公司的服務費等可用於等額抵扣外方應付的購買價款。

（4）申請結匯的資金來源，匯款人應與資產受讓人一致。

5.《中國人民銀行關於簡化跨境人民幣業務流程和完善有關政策的通知》（銀發〔2013〕168號）

（三）鼓勵境內銀行開展跨境人民幣貿易融資業務。境內銀行可開展跨境人民幣貿易融資資產跨境轉讓業務。

6.《中國人民銀行關於金融支援中國（天津）自由貿易試驗區建設的指導意見》（銀發〔2015〕372號）

（十九）支持租賃公司依託自貿試驗區要素交易平台開展以人民幣計價結算的跨境租賃資產交易。

【36】跨境資產轉讓規定分析（三）

（續上篇法規規定）

7.《中國人民銀行關於金融支援中國（福州）自由貿易試驗區建設的指導意見》（銀發〔2015〕373號）

（九）支持自貿試驗區內開展人民幣計價結算的跨境租賃資產交易。支援區內租賃公司開展跨境資產交易。

8.《中國人民銀行關於金融支援中國（廣東）自由貿易試驗區建設的指導意見》（銀發〔2015〕374號）

（十六）允許非銀行金融機構與港澳地區開展跨境人民幣業務。支持自貿試驗區內企業集團財務公司、金融租賃公司、消費金融公司、汽車金融公司、金融資產管理公司、證券公司、基金管理公司、期貨公司、保險公司等機構按規定在開展跨境融資、跨境擔保、跨境資產轉讓等業務時使用人民幣進行計價結算。

9.《中國人民銀行關於金融支持中國（上海）自由貿易試驗區建設的意見》

（十）穩步開放資本市場。區內金融機構和企業可按規定進入上海地區的證券和期貨交易場所進行投資和交易。區內企業的境外母公

司可按國家有關法規在境內資本市場發行人民幣債券。根據市場需求，探索在區內開展國際金融資產交易等。

10.《深圳市2015年金融改革創新重點工作》（深府辦〔2015〕8號）

（五）引導銀行機構開展境內人民幣信貸資產轉讓和跨境人民幣貿易融資業務，爭取前海蛇口自貿區內銀行機構與境外同業開展人民幣貿易融資資產跨境轉讓試點。（人民銀行深圳市中心支行牽頭，深圳銀監局、市金融辦、前海管理局等配合）

11. 中新（重慶）戰略性互聯互通示範項目
由建行重慶分行、重慶銀行、星展銀行以及建行新加坡分行共同簽約的跨境資產轉讓項目。

二、跨境資產轉讓對境內外銀行的意義

（一）境內中資銀行
1. 可通過轉讓債權，適當調整信貸規模及結構。
2. 可通過轉讓債權，引入境外低成本資金，增加流動性。
3. 可通過轉讓債權與其他融資性產品（如境內貿易融資產品），豐富產品線，增加競爭力。
4. 通過債權轉讓，支援境內企業走出去戰略。

（二）境內外資銀行子行、分行

1. 可通過與母行、境外聯行配合，利用跨國公司多與境外公司關聯公司交易的特性，充分利用境內外公司的授信額度跨境轉讓債權，彌補境內子行、分行資本金較小，吸收存款較為困難而造成的人民幣資金不足問題。

2. 通過債權轉讓，境內外資銀行子行、分行可充分利用跨國公司境內外關聯企業均為該行客戶的優勢，藉由聯合授信等多種方式，為客戶提供更好的服務。

（三）境外銀行

1. 通過轉讓債權，可實現間接對境內企業授信，擴大業務範圍，降低業務風險。

2. 通過轉讓債權，可豐富境外銀行的人民幣產品線。

3. 通過轉讓債權，可支援境內子行、分行發展。

【37】跨境資產轉讓規定分析（四）

之前的文章羅列了目前跨境資產轉讓的主要法規規定，本篇則從銀行實務操作面進行說明。

一、銀行擅自跨境轉讓債權被處罰

1.《關於外匯指定銀行不得擅自辦理跨境債權轉讓業務的通知》（上海匯發〔2009〕80號）針對上海各外匯指定銀行，內容如下：

我分局在對轄內外匯指定銀行進行短期外債政策執行情況檢查中發現，個別銀行在未通知債務人的情況下擅自將境內債權轉讓到境外，並從境外融入資金。該行為涉嫌逃避短期外債監管，同時導致境內債務人被動對外負債，嚴重擾亂外債管理的正常秩序。經請示國家外匯管理局，我分局將依法對上述銀行予以從重處罰。在此重申，在國家出台相關管理規定前，各外匯指定銀行不得擅自從事此類業務。

2.《國家外匯管理局〈關於北德意志州銀行上海分行涉嫌外債違規行為定性的請示〉的批覆》（匯綜覆〔2009〕41號），國家外匯管理局回覆上海市分局如下：

你分局《關於北德意志州銀行上海分行涉嫌外債違規行為定性的請示》（上海匯發〔2009〕34號）收悉。經研究，現批覆如下：

一、對於境內外資銀行跨境轉讓以另一境內機構為債務人的應收帳款的行為，目前我局沒有明文規定，但在實踐操作中的管理政策為「以境內機構為債務人的境內債權，不得隨意或自行向境外投資者轉讓」。北德意志州銀行上海分行的做法應認定為「未通知債務人的」跨境債權轉讓，此類交易導致境內中資機構被動對外負債，且使該部分債務遊離於外債統計監測和數量控制之外。鑒於該行為發生於2006年和2007年，因此應按照1996年1月29日發布和1997年1月14日修訂的《中華人民共和國外匯管理條例》第四十四條第四項的規定進行定性和處理。

　　……

二、鑒於此類「未通知債務人的」跨境債權轉讓業務對短期外債管理政策具一定的抵消作用，你分局應盡快通知轄內外匯指定銀行，在我局出台相關管理規定前，外匯指定銀行不得擅自從事此類業務。

從上述案例可以看到，北德意志州銀行上海分行在未經上海外匯局核准的情況下，將從境內中資行受讓的債權轉讓給境外銀行，實際上造成境內中資行被動對境外負債，但又沒有辦理外債登記的行為，被外匯局定性為逃避短期外債監管。

二、銀行跨境無追索權的債權轉讓

《關於三菱東京日聯銀行（中國）有限公司開展外幣保理業務有關問題的批覆》（上海匯覆〔2008〕78號）針對三菱東京日聯銀行（中國）有限公司，內容如下：

你行向母行轉讓外幣保理資產及企業和母行直接進行保理的申請收悉。經研究，我分局認為，境內機構無追索權地將持有的境外債權轉讓給境外機構，債權到期時由境外進口商向境外受讓人直接償付的行為並不構成境內機構的外債，無須納入外債統計監測。

在此案例中，三菱東京日聯銀行（中國）有限公司將保理業務獲得的境內企業應收帳款債權，無追索權地轉讓給了境外母行，由於境外母行對該筆應收帳款不能收回時不對境內企業有「追索權」，因此不但被上海外匯局判定為合法，且無須占用三菱東京日聯銀行（中國）有限公司的外債額度。

從上述國家性法規、地方性法規及銀行實務操作來看，跨境轉讓債權的法規規定大多還停留在可開展此類業務的階段，具體的操作細則並不完善，實務中還處於探索階段，並沒有形成比較完善的產品。對哪些跨境債權轉讓須經過哪些部門核准，哪些占用外債額度、是占用銀行還是企業的外債額度，都沒有明確規定，也造成實務中操作跨境債權轉讓的困惑。

【38】跨境資產轉讓規定分析（五）

從之前的四篇文章可以看出，跨境資產轉讓雖然有法規依據，在實務中也有操作案例，但仍存在如下問題：

一、政策法規的完善

從目前已公布的有關資產轉讓的政策法規來看，比較詳細的規定都還集中在不良資產的跨境轉讓上，對其他形態的跨境資產轉讓（如貿易融資、銀行信貸資產等）均沒有詳細的操作規程，實務操作較為困難。

二、實務面的各部門協調

由於跨境資產轉讓涉及的部門較多，對於是否必須其他部門前置審批可跨境轉讓的資產範圍，跨境資產的轉讓價格如何確定，稅務局如何對跨境資產轉讓徵稅，外匯局如何監管跨境資產轉讓的資金，及不同轉讓條件下是否占用境內銀行或企業的外債額度等，均須審慎決策。

《跨境擔保外匯管理規定》（匯發〔2014〕29號）發布後，境內銀行及企業均可自行辦理跨境擔保，實務中由於各地房地產交易中心對房地產跨境抵押的政策執行不一，很多地方的房地產跨境抵押無法操作，雖然目前境內企業都可以在境外按照全口徑外債政策借用外債（編註：「全口徑」有全方位、含括所有的意思），但實務中由於無法提供擔保，無法在境外銀行取得融資，若通過境內銀行開立保函，又會增加企業融資成本。跨境資產轉讓涉及的因

素更多，若僅僅只是外匯局出具法規，實務中還是可能存在很多不可控因素，形成無法操作的局面。

跨境資產轉讓涉及面較多，如資產轉讓價格的確定、資金是否收回的監管、有追索權的跨境資產轉讓、境外行使追索權的款項如何匯出等，均較為複雜。因此對跨境資產轉讓的風險管控建議如下：

1. 額度控制

對跨境資產轉讓採取額度控制方式，如單設跨境資產轉讓額度，或對跨境資產轉讓須按全口徑外債方式計入外債額度等方法，來控制風險。

2. 先期可先推動無追索權的貿易融資跨境轉讓

貿易融資的真實性核實較為容易，尤其是跨國公司的業務模式，其境外的交易對手一般均為境內公司的關聯方，境外銀行對這些境外公司的經營情況比較了解，且這些公司一般在境外銀行可取得較大的貿易融資額度，境外銀行也願意以無追索權的方式承接這些資產。

3. 境內應收帳款轉讓

對境內有穩定收益的收益權（如政府租賃項目、汙水廠等）所形成的應收帳款，也可考慮跨境轉讓給境外銀行，境內企業通過全口徑外債方式取得境外銀行資金，在取得境內租金、收入後再歸還境外銀行。

2016年末，外匯局對今後的外匯工作做出了展望，將在加強跨境資金流動監測和事中事後管理的基礎上，加快推進一系列既有利於促進國際收支平衡和外匯市場穩定，也符合資本項目可兌

換長遠方向的改革舉措，包括研究支持跨境資產轉讓、研究完善國內外匯貸款管理、規範境外機構境內發債外匯管理等。但直至2017年，外匯局仍未發布有關跨境資產轉讓的任何規範，因此銀行在操作跨境資產轉讓時，最好先與外匯局充分溝通，避免處罰風險。

【39】內保外貸資金可回流境內分析

　　2014年發布的《跨境擔保外匯管理規定》（匯發〔2014〕29號，下稱29號文）開放了境內企業通過跨境擔保方式在境外借款，但同時規定內保外貸資金在資本項下須經外匯局批准後，才能回流至境內使用。台商境內企業如需資金，只能利用其他形式的跨境擔保，將境內資產直接抵押給境外銀行，在境外銀行獲得借款後，以外債方式進入境內企業使用。另外，台商也不能將境內企業資產抵押給境外銀行，在境外取得資金後以新設、收購股權、購買老股等方式回流至境內。

　　由於外匯環境的變化，2017年1月份外匯局發布了《國家外匯管理局關於進一步推進外匯管理改革完善真實合規性審核的通知》（匯發〔2017〕3號，下稱3號文），3號文允許內保外貸項下資金，境外債務人可通過向境內進行放貸、股權投資等方式，將擔保項下資金直接或間接調回境內使用。該項限制的放開，有利台商境外融資。

一、可降低融資成本

　　29號文下，境內台商跨境擔保融資，只能採取其他形式的跨境擔保，然而境內企業只能在台灣的銀行OBU借款，借款幣種只能選擇美元等外幣，不能選擇利率較低的台幣。

　　3號文將內保外貸資金回流限制取消後，台商可採取將境內資產直接抵押給台灣的銀行，擔保設立在台灣的公司借款，借款幣種為台幣，再將取得的台幣兌換為人民幣後，以外債方式匯入

境內公司。目前台幣借款利率相對美元及人民幣均較低，此模式可降低台商的融資成本。另外，該模式還可以根據境內外公司的資金需求，靈活安排借款資金在境內外的分配比例，有利台商資金安排。須注意的是，由於借款幣種為台幣，境內公司的所得一般為人民幣或美元，可通過相應的匯率避險產品鎖定匯率風險。

二、有利境內股權收購

29號文不允許內保外貸資金通過新設、收購股權、購買老股等方式回流至境內，同樣地，如採取「其他形式跨境擔保」跨境融資，境內企業的外債也不能用於股權投資、收購股權，因此台商不能用跨境擔保方式在境內進行股權收購、重組等。

3號文放開限制後，台商可將境內公司的資產直接抵押給台灣的銀行，擔保境外公司獲得借款，再將該借款用於新設境內企業，對境內企業進行增資、收購股權等用途。

三、降低境內擔保銀行風險

如果境內台商採取將資產抵（質）押給境內的台資銀行中國大陸分行，由分行開立Standby L/C給境外銀行，擔保境外公司在境外銀行取得貸款的模式，若境外公司不能還款，境內銀行須承擔履約責任，有被外匯局處罰風險。內保外貸資金可回流境內使用，境內開立Standby L/C的銀行可要求其將回流資金存放在分行內，對回流資金的使用進行監控，可降低履約風險。

【40】境內企業借款給境外關聯方外匯政策解析

根據目前的外匯政策，境內企業可放款給境外關聯方，但政策經過多次變化，對境外的借款人及借款額度等均進行了調整。

境內企業可放款給境外關聯方，最早始於《國家外匯管理局關於境內企業境外放款外匯管理有關問題的通知》（匯發〔2009〕24號，下稱24號文），24號文規定的境外借款人，只能是境內企業於境外合法設立的全資附屬企業或參股企業，也就是只能放款給境外子公司，放款額度則不得超過境內企業所有者權益的30%，並不得超過借款人已辦妥相關登記手續的中方協議投資額。如果企業確有必須突破上述比例的情況，須由放款人所在地外匯局初審後，報國家外匯管理局審核，放款幣種只能選擇外幣，境內企業可選擇用自有外匯或人民幣購匯。放款額度有效期，為自獲得外匯局核准放款額度之日起二年。期限屆滿後如須繼續使用，應在期限屆滿前一個月內，由放款人向所在地外匯局提出展期申請。

《國家外匯管理局關於進一步改進和調整直接投資外匯管理政策的通知》（匯發〔2012〕59號，下稱59號文）則進一步放寬了政策，一是擴大境外放款資金來源，允許境內主體以國內外匯貸款對外放款。二是放寬境外借款人條件限制，允許外商投資企業向其境外母公司放款，但放款額度不得超過該外國投資者已分配未匯出利潤以及按比例享有的未分配利潤之和。

《中國人民銀行關於簡化跨境人民幣業務流程和完善有關政策的通知》（銀發〔2013〕168號，下稱168號文）則允許境內企

業向境內銀行申請辦理人民幣境外放款業務，境外借款人須為境內企業的關聯方。168號文對放款額度未明確規定，實務中一般不允許超過借款人的淨資產。

《關於進一步改進和調整資本項目外匯管理政策的通知》（匯發〔2014〕2號）在59號文的基礎上，進一步放寬境內企業境外放款管理，將境外借款人放寬至與境內企業具有股權關聯關係的企業；取消了境外放款額度二年有效使用期限制，境內企業可根據實際業務需求，向所在地外匯局申請境外放款額度期限。另明確規定，如確有客觀原因無法收回境外放款本息，境內企業可向所在地外匯局申請註銷該筆境外放款，由境內企業所在地外匯局按個案集體審議方式處理。

《國家外匯管理局關於進一步推進外匯管理改革完善真實合規性審核的通知》（匯發〔2017〕3號，下稱3號文）則將境外放款幣種統一為全口徑，規定境內機構辦理境外放款業務時，本幣境外放款餘額與外幣境外放款餘額，合計最高不得超過其上年度經審計財務報表中所有者權益的30%。

目前境內企業對境外關聯方的放款，仍屬於外匯局審核事項，事先須經外匯局核准後才能至銀行辦理相關的款項匯出。

境外放款政策經歷了境外借款人的逐步放鬆及借款期限的放鬆，但對借款額度則一直未有放鬆，2017年發布的3號文還採取了本外幣的全口徑管理，變相減少了境內企業的放款額度，這也與目前「寬流入、控流出」的外匯政策一致。

【41】境內銀行卡境外交易資料申報解析

2017年6月2日發布的《國家外匯管理局關於金融機構報送銀行卡境外交易資訊的通知》（匯發〔2017〕15號，下稱15號文）規定，從9月1日起，境內銀行在境內發行的銀行卡，在境外所有提現或單筆消費等值1,000人民幣以上的交易資訊，會通過銀行自動上報給外匯局。同年8月3日發布的《國家外匯管理局綜合司關於銀行卡境外交易外匯管理系統上線有關工作的通知》（匯綜發〔2017〕81號），則對上報資訊的各項工作進行了說明。

須注意的是，此處的銀行卡，是指境內銀行發行的各類銀行卡清算機構標識的銀行卡，包括但不限於借記卡、信用卡（貸記卡和準貸記卡），只要是境內銀行發行的銀行卡，包含銀聯、萬事達、VISA、運通等國內外信用卡清算機構通道的境外提現及消費資訊，均會被收集。其收集資訊的對象並不僅僅是中國大陸籍持卡人的資訊，也包括外籍人士持有的境內銀行發行的銀行卡。外匯局所收集的資訊，則包含了持卡人身分資訊、國籍、卡號、境外消費地、金額等。

2016年通過銀行卡境外交易總金額達到了1,200億美元，由於銀聯卡的境外交易不計入個人年度購匯5萬美元的額度，因此銀聯卡境外交易成了繞過中國大陸境內針對個人對外投資、轉移資產等外匯管制措施，將資產轉移至境外的通道。之前通過規定銀行卡境外取現每卡每年10萬人民幣、限制購買境外保險等方式，將銀行卡的境外交易限制在取現及境外消費上，本次再對銀行卡的取現及消費資訊進行收集，實現了對銀行卡境外交易的全控管。

　　外匯局收集銀行卡境外消費資料，除15號文中所稱為防範「反洗錢」及跨境犯罪活動外，後續還可能在其他方面發揮作用。

一、境外購物回國後徵稅

　　早在2017年4月，海關總署、稅務總局、外匯局就共同簽署了《關於實施資訊共用開展聯合監管的合作機制框架協議》及《關於推進資訊共用實施聯合監管合作備忘錄》，實現三部門資訊互換。

　　由於銀行卡境外的消費資訊採取的是每日上報方式，如果外匯局將銀行卡的境外交易資訊與海關互換，很有可能持卡人在入境時，海關即可精確知道持卡人在境外是否有購買奢侈品、手錶以及購買金額等，從而要求持卡人就境外購買的商品繳納進口關稅、增值稅。而這種情況一旦發生，則會大幅降低境內持卡人境外購買奢侈品、手錶等的消費。再延伸來看，當資料被交換給稅務局，稅務局如果發現持卡人境外消費金額與境內個人所得稅申報存在巨大差異，很有可能會對持卡人境內的收入及納稅情況展開調查。

二、銀行卡境外套現

　　目前境內個人境外投資受限，有部分持卡人通過「螞蟻搬家」方式，藉由多張銀行卡消費在境外套現，之前這些資料都分散在各家銀行，單筆金額較小，並不會引起特別關注，現在則會統一申報給外匯局，外匯局透過匯總資料，將可及時發現這些違規行為。

　　從表面來看，15號文對持卡人境外的消費金額、筆數等並未設限，所有的資訊都是在後台由銀行收集並申報，並不會對持卡人在境外的取現、消費造成直接影響，但是從相關資料與各部門共用並進行大數據分析的角度來看，則會對銀行卡境外消費造成巨大及深遠的影響。

【42】境內銀行卡境外取現、消費政策分析

　　2017年6月2日，中國大陸外管局發布金融機構報送銀行卡境外交易資訊的通知，外管局將於2017年9月1日起，採集中國大陸銀行卡在境外單筆等值1,000元人民幣以上的消費交易行為和境外取現行為的全部資訊。

　　外管局從2015年末不鼓勵持卡人使用銀聯卡跨境大額取現，到目前銀行卡跨境交易全面嚴格監控，對中國大陸境內銀行卡跨境交易的種種調控措施，預示著外匯管理政策的管控總體趨緊。

　　1. 2015年10月1日之前，銀聯卡境外取現無年度總額限制，僅規定境外使用銀聯卡在ATM上取款時，單卡每日累計不得超過等值1萬元人民幣。

　　2. 2015年10月1日至12月31日期間，銀聯卡在境外取現，每年累計不得超過等值5萬元人民幣。

　　3. 2016年1月1日起，中國大陸境內銀聯卡每卡每年在境外累計取現金額，不得超過等值10萬元人民幣。若超過年度限額，將被中國銀聯列為關注名單，禁止在境外取現。

　　4. 2017年7月1日起，中國大陸央行採集大額現金交易資訊的標準，從20萬元人民幣調整為5萬元人民幣；採集跨境人民幣大額交易的標準，為人民幣20萬元。

　　5. 2017年9月1日起，中國大陸境內發卡銀行匯總本行資訊後，每日集中向外管局報送境內銀行卡跨境發生的全部取現和單筆等值1,000元人民幣（不含）以上的消費交易資訊。

目前，銀行卡境外消費資訊採集範圍，僅限直接利用銀行卡的取現和刷卡交易，不包括諸如支付寶、微信等非銀行支付機構基於銀行卡提供的境外交易。

6. 以上政策雖未涉及個人結購匯 5 萬美元的總額限制，但對螞蟻搬家式購付匯，外管局曾於 2015 年 9 月下發指導意見，要求銀行加強業務監管，重點審核分拆和重複購付匯，比如五個以上不同個人同日、隔日或連續多日分別購匯後，將外匯匯給境外同一個人或機構；同一個人將其外匯帳戶內存款轉至五個以上直系親屬，直系親屬分別在年度總額內結匯等分拆結售匯行為。對於個人涉嫌分拆結售匯的違規行為，外管局有權處以人民幣 5 萬元以下的行政處罰。另外，2017 年 1 月 1 日起，中國大陸境內個人購匯申報要求更多細節，須說明用途和預計使用時間，並明確禁止用於境外投資。

此外，境外持銀聯卡進行電匯、匯票、資金劃轉或是賭博交易，都屬於「完全禁止」不得交易類別的最高級別限制；但如果是在境外要刷卡買保險，或是刷卡買珠寶、寶石、手錶，或是支付律師等服務費用，都是屬於「金額限制」類別，也就是上述所指單筆刷卡金額不得超過 5,000 美元的限制；至於金額不限的「完全開放」類別，則是指在百貨公司、超市、電器店、賓館、航空公司、高爾夫球場、醫院、娛樂場所，或是小學、中學、大學等地方，持銀聯卡刷卡消費則沒有限制。

【43】台資銀行中國大陸分行外匯業務展業
——客戶身分識別（上）

由多家銀行參加的「全國外匯市場自律機制」發布的《銀行外匯業務展業原則》（匯律發〔2016〕12號），對銀行的外匯業務展業進行了詳細的規定及說明。

銀行在辦理外匯業務時，首先須對客戶的身分進行識別，充分了解客戶身分及其背景，確保客戶具備從事相關業務的資格，並做為業務合規性、真實性審核的重要依據。銀行應結合自身客戶風險評級、風險控制等制度，建立可用於各類外匯業務的客戶資訊檔案並及時更新。

其次，銀行須嚴格按照反洗錢、反恐怖融資、反逃稅及外匯管理相關規定，審查申請辦理業務的客戶身分是否真實，必要時也可對客戶的交易對手、交易實際受益人、相關關聯方的身分，進行識別。

銀行另須對客戶的背景進行調查，銀行可調查的客戶背景資訊包括：在管理機構和銀行的違規紀錄、不良紀錄、故意規避監管行為的紀錄、異常監測指標等；客戶經營狀況、股東或實際控制人、主要關聯企業、上下游交易對手、外部評級、信用紀錄、財務指標、資金來源和用途、交易意圖及邏輯、涉外經營行為和外匯收支行為等。

銀行在對客戶進行身分識別、背景調查等後，還須對客戶實施分類管理。應按照風險程度，將客戶劃分為「可信客戶」與「關注客戶」，分別實施一般盡職審查措施和強化審查措施。各

項外匯業務展業規範，可在總則基礎上，根據具體外匯業務特點，補充適用於該項業務的客戶分類標準。如何區分「可信客戶」與「關注客戶」，將在下篇文章中進行詳細說明。

一、何時應重新識別客戶

當客戶出現以下情形時，銀行應重新識別客戶：

1. 客戶要求變更：姓名或者名稱、身分證件或者身分證明文件種類、身分證件號碼、註冊資本、經營範圍、法定代表人或者負責人。

2. 客戶相關交易行為、資金用途和流向等出現異常。

3. 客戶姓名或者名稱，與國務院有關部門、機構和司法機關依法要求銀行協查或者關注的犯罪嫌疑人、洗錢和恐怖融資分子的姓名或者名稱相同。

4. 客戶出現違反外匯管理規定、洗錢、恐怖融資、逃稅活動的嫌疑。

5. 銀行獲得的客戶資訊，與先前已經掌握的相關資訊存在不一致或者相互矛盾。

6. 先前獲得的客戶身分資料的真實性、有效性、完整性發現疑點。

7. 銀行認為應重新識別客戶身分和資訊的其他情形。

二、動態監控措施

　　客戶外匯業務關係存續的期間，銀行根據實際狀況，必須採取以下措施，持續關注客戶的業務變化情況，對客戶實施動態監控：

　　1. 定期或不定期監控客戶基礎交易、外匯業務、資金的實際去向和用途，是否與業務申請時一致。

　　2. 持續監控客戶資訊變化和帳戶活動，並排查可疑線索。

　　3. 定期或不定期回訪客戶、更新資訊。

　　4. 對大額交易進行定期、定比例抽查。

　　5. 銀行認為有必要或外匯局建議採取的其他持續監控措施。

【44】台資銀行中國大陸分行外匯業務展業
——客戶身分識別（下）

上篇說明了銀行在為客戶辦理外匯業務時，須通過客戶背景調查等方式了解客戶的相關資訊，本篇將說明如何將客戶分為「可信客戶」和「關注客戶」。

一、區分的條件

對滿足以下條件之一者，銀行可將客戶列為「關注客戶」：

1. 被外匯局或其他監管部門納入公開發布的限制性分類管理目錄，例如貨物貿易外匯管理分類為B、C類；資本項目業務被管控，被納入個人外匯業務關注名單等。

2. 近一年內被外匯局或其他監管部門通報，例如涉及外匯檢查處罰案件資訊、違法違規案例、風險提示案例、惡意規避外匯監管案例、企業信用報告存在瑕疵，及其他不良行為紀錄等。

3. 被公安、司法、審計、紀檢等部門調查。

4. 客戶身分資訊存在疑問、背景不明，或者無法獲取足夠資訊對客戶背景進行評估，例如無正式固定辦公經營場所、無準確聯繫方式、主營業務在異地的客戶、身分資訊存疑的新創建業務關係客戶等。

5. 機構成立時間不足一年。

6. 生產經營不正常，或正常生產經營時間不足一年。

7. 交易明顯不符常理或不具商業合理性。

8.交易規模與客戶資本實力、投資總額、生產經營規模顯著不符。

9.資金往來明顯異常，尤其是跨境資金流動、外匯收支。

10.銀行有權根據外匯收支形勢變化，將外匯業務規模較大、影響範圍較廣的客戶列為關注客戶。

11.銀行認為應被列為關注客戶者。

除關注客戶外，其他客戶均為可信客戶。可信客戶與關注客戶可相互轉換，當關注客戶不再滿足上述所列條件之一時，銀行應及時將其轉為可信客戶；銀行也有權將持續出現異常外匯收支行為的可信客戶，轉為關注客戶。

二、不同審查措施

銀行須對不同客戶辦理的業務，採取不同的審查措施，對可信客戶實施一般審查措施，對關注客戶實施強化審查措施，審慎為其辦理業務。一般審查措施與強化審查措施方法如下：

（一）一般審查措施

對於無風險提示特徵的可信客戶，銀行可按照現行外匯管理法規規定及銀行自身內控規定，審查客戶准入資格和業務背景的合規性、真實性及其與外匯收支的一致性。

（二）強化審查措施

對於有風險提示特徵的可信客戶、關注客戶，以及銀行自行判斷具有違法違規、規避外匯監管、虛構交易背景實施投機套利等行為特徵的客戶，強化審查措施。銀行可根據實際情況，選擇採取以下強化審查措施：

1. 要求客戶提供或主動收集更多的直接證明資料。

2. 通過自行查證、工作組內部共用資訊、協力廠商查證等方法，查證客戶提供的真實性證明資料本身是否真實、是否經偽造變造、是否未被違規重複使用。

3. 通過聯網核查公民身分資訊系統、工商登記系統、徵信系統、海外聯行或母行協查認證等方式，核實客戶身分和背景資訊。

4. 深入了解客戶的背景資訊，例如法人代表、實際控制人、生產經營情況、財務狀況、行業狀況、上下游合作夥伴、母公司和關聯企業、業務歷史紀錄、資信評級紀錄，以及其他通過公共資料庫或網路管道能獲取的資訊等。

5. 全面分析客戶申請辦理業務資訊，例如業務需求背景、交易目的、交易性質、資金來源和用途、交易對手方、交易受益人等。

6. 現場實地查訪自然人客戶住所或單位所在地，以及機構客戶註冊地或實際辦公地。

7. 銀行認為須採取的其他審查措施。

【45】台資銀行中國大陸分行外匯業務展業
──貿易項下（上）

　　銀行在完成客戶背景調查，並對客戶進行分類後，即可為客戶辦理相關的外匯業務。為客戶辦理貿易項下收匯時，銀行須先對客戶進行基本情況識別，判斷客戶是否有貨物貿易資格，然後還須對客戶的交易背景進行調查，最後對客戶在大的分類基礎上，按貿易項下客戶的特點，再次進行分類，對符合一定特徵的客戶，須列為「關注客戶」。

一、客戶基本情況識別

　　對客戶進行基本情況識別，主要是為了判斷客戶是否具備貨物貿易資格。銀行主要須關注如下幾點：

　　1.根據營業執照、組織機構代碼證、稅務登記證（或三證合一的營業執照）、對外貿易經營者備案表（僅限內資企業），或外商投資企業批准證書等，確認企業貿易收支主體資格。

　　2.通過貨物貿易外匯監測系統銀行端（以下簡稱監測系統），查詢辦理業務當日企業進出口名錄及A／B／C分類狀態。對名錄內企業，按照貨物貿易外匯管理相關法規、展業原則要求，為其辦理業務；不得為不在名錄內的企業辦理貨物貿易外匯收支業務。須注意的是，外匯局對企業的分類，並不是按年進行。

二、經營狀況識別

經營情況的識別，主要是為了從經營情況來判斷企業至銀行辦理的貨物貿易外匯業務與企業經營的相關性，以及交易金額的合理性等。

1. 了解企業的法人代表、公司成立背景、主要貿易類型、結算方式、結算幣種、金額、交易對手、代理行資訊、運用的單據種類和收付匯期限等。相關資訊產生較大變化時，須關注並向客戶了解情況。

2. 根據客戶的註冊資本、經營規模等資訊，判斷客戶國際結算規模與經營規模是否匹配。

3. 對於與本行有長期業務往來的客戶，銀行應建立業務追蹤機制，通過不定期走訪或問卷調查方式，了解企業經營狀況、業務變化、進出口變化、結算方式、交易對手、交易商品等情況。對於短期內業務快速增長或下降、結算方式及貿易方式等明顯變化的企業，應予以重點審核。

三、客戶分類

對符合以下任一特徵的企業辦理貨物貿易外匯業務時，銀行可考慮將該客戶列為「關注客戶」，對其辦理的貨物貿易外匯業務採取強化審查措施：

1. 存在高度關聯關係的企業（如公司實際控制人存在關聯關係、註冊地址相近、聯繫方式存在關聯等）；台商的跨境交易多數是與存在高度關聯關係的企業間往來，銀行須根據客戶情況，判斷其與關聯企業往來的原因及目的。

2. 本地註冊但本地無固定經營辦公場所、情況不明的企業。

3. 輔導期企業。

4. 業務量異常（如突然增加或減少、與註冊資本嚴重背離等），或結算方式、貿易商品、交易對手等明顯變化的企業。

5. 註冊地為異地的企業。

6. 貿易融資存在異常情況者。

【46】台資銀行中國大陸分行外匯業務展業
──貿易項下（中）

銀行在辦理企業貨物貿易項下收匯時，須根據目前的法規規定，著重以下方面的審核。

一、企業名錄及貨物貿易分類查詢

銀行在為企業辦理貿易外匯收支業務時，應查詢企業名錄狀態，不得為不在名錄內的企業辦理貿易外匯收支業務。銀行根據內部管理所需，應在查詢相應資訊後截圖或者列印查詢頁面，留存備查。

企業名錄查詢可在企業於銀行辦理第一筆業務時進行查詢，後續可不再進行查詢。對企業的貨物貿易分類，銀行應不定期進行查詢，確保業務辦理時，銀行的審核與企業的貨物貿易分類相對應。

二、了解企業收匯的款項性質

根據目前的外匯規定，貨物貿易分類為A類企業的貨物貿易收入，須提交合同、發票或出口報關單其中一項，供銀行審核；B類企業則須提交上述合同、發票及出口報關單，缺一不可；C類企業除須提交上述資料外，還須提交外匯局出具的「登記表」。銀行應根據不同分類企業提交的資料進行審核，確認款項性質，將企業提交的資料影印並蓋章留存。

　　另須注意的是，根據《貨物貿易外匯管理指引實施細則》，B類企業不得簽訂九十天以上（不含）收匯條款的出口合同，但在分類監管有效期內指標情況好轉且沒有發生違規行為的B類企業，自列入B類之日起六個月後，可經外匯局登記辦理；C類企業不得簽訂九十天以上（不含）收匯條款的出口合同。

三、審核重點

　　1. 代理出口業務應當由代理方收匯。代理方收匯後可憑委託代理協議將外匯劃轉給委託方，也可結匯為人民幣後劃轉給委託方；委託方收取代理方外匯劃出款項時，無須進入其待核查帳戶。

　　2. 根據《國家外匯管理局關於進一步促進貿易投資便利化完善真實性審核的通知》（匯發〔2016〕7號）的規定，A類企業的貨物貿易收入無須再進入「待核查帳戶」，可直接進入經常帳戶結匯，但B類及C類企業的貨物貿易收入，仍須先轉入「待核查帳戶」。

四、風險提示

　　1. 延期收匯：對於超過九十天的延期收匯，應根據交易的商品、交易對手國別，通過行業協會、從事相同交易的本行其他客戶等途徑，了解企業的延期收匯行為是否與客戶所處行業的特徵、交易慣例基本一致。

　　2. 預收貨款：對於大額、高頻率預收貨款，銀行應對照合同規定的交易商品、交易對手國別，通過行業協會、從事相同交易

的本行其他客戶等途徑，了解企業的預收方式是否與客戶所處行業的特徵、交易慣例基本一致。

3. 特殊商品：對從事金屬、電子、礦砂、煤炭等特殊及大宗商品交易的企業，應建立國際商品價格追蹤機制，了解企業的業務變化是否與國際市場變化相符。須不定期走訪企業，了解企業的經營場地、人員數量等資訊，分析企業的業務規模與經營能力是否匹配；通過行業協會、企業財務報表等管道，了解企業的出口是否有辦理過貿易融資。

4. 特殊客戶：對於異地企業的出口收結匯業務，應通過企業所在地分支行，對企業的主體背景進行充分調查了解。為調查情況不明的企業辦理貿易項下相關業務時，應審慎進行。

【47】台資銀行中國大陸分行外匯業務展業
——貿易項下（下）

　　銀行在為客戶辦理貨物貿易項下外匯付款時，審核事項、重點等如下。

一、企業貨物貿易外匯分類查詢

　　1. A類企業辦理付匯業務時，僅須提供合同或發票或進口報關單，B類企業則須同時提供三項資料，缺一不可，C類企業除上述資料外，還須提交外匯局「登記表」。

　　2. B類企業不得辦理九十天以上（不含）的延期付匯，但在分類監管有效期內指標情況好轉且沒有發生違規行為的B類企業，自列入B類之日起六個月後，可經外匯局登記辦理。

　　3. C類企業不得辦理九十天（不含）以上遠期信用證（含展期）、海外代付等進口貿易融資業務；不得辦理九十天（不含）以上的延期付款、託收業務。

　　4. 對於特殊監管區域內企業，銀行應通過監測系統確認企業是否為「特殊監管區域內企業」。

二、審核重點

　　（一）電子資料核查

　　根據《國家外匯管理局關於便利銀行開展貿易單證審核有關工作的通知》（匯發〔2017〕9號）的規定，辦理單筆等值10萬美元（不含）以上貨物貿易對外付匯業務（離岸轉手買賣業務除

外），銀行在按現行規定審核相關交易單證的基礎上，原則上應通過系統的「報關資訊核驗」模組，對相應進口報關電子資訊進行核驗；銀行若能確認企業對外付匯業務的確真實合法，可不辦理核驗手續。

辦理單筆等值10萬美元以下貨物貿易對外付匯業務，銀行可按照「了解客戶、了解業務、盡職審查」的原則，自主決定是否通過系統對相應進口報關電子資訊辦理核驗手續。

（二）對於進口購付匯

根據客戶購付匯需求，審核合同等相關單證是否真實合法。

（三）對於提前購匯

1.貨到付款（匯款項下）結算時，應核實客戶提前購匯金額是否與其實際需求情況大體相符；預付貨款（匯款項下）結算時，應審查有關條款，特別是付款條款，是否和提前購匯需求相吻合。

2.提前購匯及相應付匯業務，應在同一家銀行同一網點辦理，提前購匯資金入經常項目外匯帳戶後，不能在不同銀行間辦理同名劃轉；預付貨款項下提前購匯，應在實際支付日期前五個工作日之內辦理。信用證項下的保證金業務不適用於此項政策，但銀行應審慎為企業辦理人民幣購匯交納保證金業務。

3.對於客戶無法提交相關單證的提前購匯需求，應暫停辦理業務。

三、風險提示

1.預付貨款：對於大額、高頻率預付貨款的購付匯，銀行應

盡職了解企業購付匯資金來源的合理性；根據合同規定的交易商品、交易對手國別，通過行業協會、從事相同交易的本行其他客戶等途徑，了解企業的預付方式是否與客戶所處行業的特徵、交易慣例基本一致。

2. 延期付匯：對於超過九十天的延期付匯，應根據交易的商品、交易對手國別，通過行業協會、從事相同交易的本行其他客戶等途徑，了解企業的延期付匯行為是否與客戶所處行業的特徵、交易慣例基本一致。

3. 特殊商品：對從事金屬、電子、礦砂、煤炭等特殊及大宗商品交易的企業，應建立國際商品價格追蹤機制，了解企業的業務變化是否與國際市場變化相符。對於進口商品自用者，不定期走訪企業，了解企業的經營場地、人員數量等資訊，分析企業的業務規模與經營能力是否匹配；對於商品進入再交易者，應追蹤了解交易情況。通過行業協會、企業財務報表等管道，了解企業的進口是否有辦理過貿易融資。審慎為貨物所有權模糊的企業辦理購付匯業務。

4. 特殊客戶：對於異地企業的進口付匯業務，應通過企業所在地分支行，對企業的主體背景進行充分調查了解。審慎為調查情況不明的企業辦理貿易項下相關業務。對提供100%保證金、利用銀行融資對外付款的業務，應予以關注。對海關特殊監管區域內企業在貨物流與資金流不對應情形下，向境外關聯企業購匯支付的業務，應予以關注。

【48】台資銀行中國大陸分行外匯業務展業 ——離岸轉口貿易

離岸轉口貿易由於貨物不進出中國大陸，不會有進出口報關單，對銀行來說，交易真實性的審核較為困難，因此須特別注意離岸轉口貿易的交易真實性問題。

一、B、C類企業的限制

《國家外匯管理局關於進一步促進貿易投資便利化完善真實性審核的通知》（匯發〔2016〕7號）規定：「貨物貿易外匯管理分類等級為B類的企業暫停辦理離岸轉手買賣外匯收支業務。」

2011年頒布的《關於進一步加強外匯業務管理有關問題的通知》（匯發〔2011〕11號）中規定，C類企業不得辦理轉口貿易外匯收支業務。

根據上述規定，銀行不得為貨物貿易分類為B類或C類企業辦理轉口貿易外匯收支業務。

對A類企業，銀行應關注是否為新成立企業或是剛從事離岸轉手買賣，是否存在受異地註冊地監管部門的監管限制而把業務遷移到本地的行為。銀行應按照「了解客戶」原則，加強對新從事離岸轉手買賣的企業、異地企業的主體背景進行審核。

二、審核重點

1. 《國家外匯管理局關於進一步促進貿易投資便利化完善真實性審核的通知》（匯發〔2016〕7號）規定，銀行為企業辦理離

岸轉手買賣收支業務時，應逐筆審核合同、發票、真實有效的運輸單據、提單倉單等貨權憑證，確保交易的真實性、合規性和合理性。同一筆離岸轉手買賣業務，應在同一家銀行網點採用同一幣種（外幣或人民幣）辦理收支結算。

　　2. 辦理購付匯業務後，在合同等單證正本上簽註購付匯日期、金額，加蓋業務印章後影印留存。辦理結匯或劃轉業務後，在正本合同上簽註結匯／劃轉日期、金額，加蓋業務印章後影印留存。

　　3. 信用證付匯應按照國際慣例和信用證要求，審核信用證項下單證。

　　4. 審核客戶上下游交易對手的實際控制人是否為同一人，或者離岸轉手買賣的上下游交易對手是否均在本行開立（本外幣）NRA帳戶。

　　5. 合同審核上，重點關注合同是否存在條款過於簡單化的現象、合同是否存在與實際經濟背景相衝突的情況，如合同規定的成交價格和公開市場上公允成交價格存在顯著偏差等；上下游貿易合同是否存在著自相矛盾的情況，如貨物數量規定不一致、運輸路線無法銜接等；合同雙方的簽字筆跡是否存在問題等情況。

　　商品名稱、數量應一致；相應出口商、進口商應為離岸轉手買賣中轉商；出口金額應大於進口金額。若對應進出口合同發票有異常情況，如進出合同內容非常簡單、格式基本一致、交易各方地址相近、貨物在同一港口往返進出等，需要求進一步提供能證明交易真實合理的資料。

6. 提單真實性核查上，應高度關注不法企業使用克隆（高仿，指高度仿真的假冒品）提單的情況，也就是保留提單號、船名船次、起運港、到港港、集裝箱編號等物流資訊，但變造實際發貨人、收貨人及貨物資訊等關鍵要素。

三、風險提示

1. 注意是否存在僅憑交易價差不足以彌補正常經營費用卻仍繼續開展業務，或其所得買賣價差不足以彌補其因延期收匯所承擔的資金成本和風險等情況。

2. 結合企業業務辦理量，對短時間內業務快速增長、與註冊資金嚴重偏離、收支時間間隔較長、利潤較高或負利潤等異常情況，通過海外分行、倉儲公司、國際提單查詢機構、船公司網站等途徑，了解企業離岸轉手買賣業務的真實性。

3. 對交易對手為香港，或交易標的為有色金屬（電解銅、鋅、鋁）、高價值電子產品（IC積體電路、記憶體、LCD螢幕、伺服器等）、金銀（珠寶）等貴金屬以及礦石、大豆等大宗商品的離岸轉手買賣，應加大審核力度。

【49】台資銀行中國大陸分行外匯業務展業 ──服務貿易（上）

服務貿易相較於貨物貿易，其特點一是沒有貨物貿易的進出口報關單、運單、提單等可用於證明交易真實性的外部資料，另一則是其支付金額與業務的相關性較難判斷，造成銀行在辦理相關業務時的真實性、合規性審核難度較大。

一、客戶分類

除按之前客戶分類中劃歸為關注客戶的標準外，客戶如滿足以下條件之一，應列為服務貿易的「關注客戶」：

1. 涉嫌虛構交易，或以分拆等方式辦理服務貿易外匯收支。

2. 與業務辦理銀行新創建業務關係。

3. 註冊地為異地。

4. 貨物貿易管理分類為B／C類。

5. 被列入「關注名單」的個人。

不滿足以上任一條件者，均自動列入「可信客戶」。對於「可信客戶」，辦理單筆等值5萬美元以上和以下業務，銀行可按照法規要求履行審查義務，並保留相關資料備查。對於「關注客戶」，不論業務金額，除按照「可信客戶」標準審查外，銀行還須加強本審查相關證明資料。

二、審核資料

　　根據《國家稅務總局國家外匯管理局關於服務貿易等項目對外支付稅務備案有關問題的公告》（國家稅務總局國家外匯管理局公告2013年第40號）及《國家外匯管理局關於印發服務貿易外匯管理法規的通知》（匯發〔2013〕30號），個人或公司單筆支付5萬美元以下的服務貿易費用，原則上無須提交真實性證明資料，單筆5萬美元以上的支付，銀行須審核合同、發票、稅務備案表等（如需），具體說明如下：

　　1. 合同（協議）：應具備交易標的、金額、主體等要素，須加蓋企業公章。

　　2. 發票（支付通知）：列明交易標的、主體、金額等要素的結算清單（支付清單），包括商業發票、形式發票等。

　　3.《服務貿易等項目對外支付稅務備案表》：對外支付等值5萬美元以上（不含等值5萬元）時提供。備案資訊應與申請支付項目一致，應加蓋主管國稅機關印章，表中所列本次付匯金額應大於或等於企業申請支付金額。同一筆合同必須多次對外支付且超過等值5萬美元時，應要求客戶在每次付匯前辦理稅務備案手續。

　　4. 服務貿易外匯收支管理資訊申報憑證。包括《境外匯款申請書》、《對外匯款／承兌通知書》、《境內匯款申請書》、《境內付款／承兌通知書》、《涉外收入申報單》和《境內收入申報單》。

三、審核原則

　　銀行辦理服務貿易外匯業務時，應嚴格履行展業原則，根據客戶分類情況，對企業提交的服務貿易交易單證的真實性及其與服務貿易外匯收支的一致性，進行合理審查。對關注客戶和風險提示的業務，應執行更嚴格的單證審核標準，採取強化審查措施。

　　服務貿易購付匯業務中，銀行須特別注意真實性審核，關注客戶支付的服務內容與其主營業務的相關性，及支付金額與其主營業務規模的合理性等。

【50】台資銀行中國大陸分行外匯業務展業 ——服務貿易（中）

服務貿易主要包含運輸費、佣金、勞務費、特許權使用費、外債利息等，外商投資企業的利潤匯出現在也歸在服務貿易中。

一、支付勞務費所需審核資料及審核要點

勞務費主要包含法律服務、會計服務、廣告服務、諮詢服務、展會服務等，客戶支付相關勞務費時，銀行須審核資料如下：

（一）可信客戶

1.合同（協議）或發票（支付通知）或相關其他交易單證。

2.單筆等值5萬美元以上支出：服務貿易等項目對外支付稅務備案表。但境內機構發生在境外的佣金支出、商品展銷費用，以及境內機構在境外代表機構的辦公經費，則無須提供。

3.單筆等值5萬美元以上的限制類技術進出口：商務部門頒發的《技術進出口許可證》。

4.代表處（辦事處）辦公經費項下：經費預算表。

（二）關注客戶

應按照以下更高標準提供相關證明資料。

1.應加強對基礎交易單據的審核，認真審核各項單據記載內容的一致性，除對合同等單據表面真實性的審核外，還可通過其他管道核查基礎交易背景真實性。相關單據查驗原件留存影本，無法確定是否為原件者，應要求客戶在單據上簽章確認。

2.應關注企業經營範圍、主營業務、歷史交易紀錄，還須對

其股權結構、實際控制方、業務經營模式及交易對手等，進行全面審核評價後謹慎辦理。

3.技術進口交易：應提供《技術進口合同登記證書》。

4.展會服務：對外支付參展費用時，應提供攤位確認書。承辦展覽從境外收取費用者，應提供主管部門批准文件，若展覽攤位是從地區代理商取得，還應提供地區代理商的展覽組委會授權書。

5.貨物或服務交易佣金及相關服務：支付出口貿易項下佣金，須審核收帳通知。為避免客戶重複支付佣金，應要求在相應收帳通知中批註支付佣金日期、金額等付款資訊。

（三）審核要點如下：

1.銀行可登入中國大陸商務部網站（www.mofcom.gov.cn），於首頁公開目錄中查詢技術進出口業務是否屬於「禁止進口限制進口技術目錄」及「禁止出口限制出口技術目錄」。

2.佣金金額占貨物或服務總金額的比例，是否在市場合理範圍內。

3.注意區分容易混淆的業務。

二、職工報酬

（一）業務定義

職工報酬，指當雇主與雇員為不同經濟體的居民時，雙方因僱傭關係而產生的工資、薪金和福利收支，包括雇主代表雇員支付的社會保障、私人保險、年金以及退休金等。

（二）審核資料

1. 可信客戶

（1）合同（協議）或發票（支付通知）或相關其他交易單
　　證。

（2）單筆等值5萬美元以上支出：服務貿易等項目對外支付
　　稅務備案表。

2. 關注客戶

應按照更高標準提供以下相關證明資料：雇傭或勞務合同或
就業證明、發票（支付通知）。

【51】台資銀行中國大陸分行外匯業務展業 ——服務貿易（下）

　　本文主要說明利潤匯出及支付融資利息時，所須審核資料及審核要點。

一、利潤匯出

　　（一）審核資料

1. 可信客戶

（1）與本次利潤匯出相關的董事會利潤分配決議。

（2）證明本次利潤情況的財務報表，具體可包括會計師事務所出具的相關年度財務審計報告、最近一期的驗資報告、相關年度的資產負債表和現金流量表等。

（3）外商投資合夥企業外國合夥人所得利潤項下對外支付：外國合夥人出資確認登記證明和利潤分配協議。

（4）單筆等值5萬美元以上：服務貿易等項目對外支付稅務備案表。

2. 關注客戶

應按照以下更高標準提供相關證明資料：

（1）企業存量權益登記情況證明，可通過資本項目信息系統查詢並列印留存。

（2）審核會計師事務所出具的相關年度財務審計報告、最近一期的驗資報告、相關年度的資產負債表和現金流量表。企業應提供其境外投資業務登記憑證，登入資

本項目信息系統綜合查詢模組，查詢其外方股東，與利潤匯出的實際境外收款人名稱、註冊地進行比對，核實與登記外方股東名稱是否一致；應對股東的出資比例與董事會決議進行比對，核實比例是否一致；登入資本項目信息系統存量資訊模組，查詢外方股東享有的淨利潤、分配外方股東的利潤金額合計以及匯往外方股東的利潤金額合計等資料，判斷該筆支出是否正常。銀行可向所屬地外匯局提出申請，要求協助審核相關業務的真實性。

（二）風險提示

1. 境內機構可依法支付中期境外股東所得的股息、紅利。支付頻率大於一年兩次者，應審慎辦理相應付匯業務。

2. 對於大額利潤、股息、紅利的匯出，若董事會決議前客戶未完成年度財務審計報告，應要求客戶提供相關財務報表，以了解企業真實的財務資料與財務狀況，確保業務辦理的真實性。

3. 對於往年已分配的股息、紅利等匯出，還應要求客戶提交會計師事務所對其股息、紅利發生年度的財務審計報告。

4. 利潤匯出金額應與董事會決議以及《稅務備案表》中的金額相符。企業本年度處置金額，原則上不超過最近一期財務審計報告中屬於外方股東的「應付股利」與「未分配利潤」合計金額。

二、支付融資利息

1. 如為償還境外銀行或母公司貸款利息，企業應提供其外債業務登記憑證，登入資本項目信息系統查詢外債控制信息表，核

對企業外債登記資訊，查詢該筆外債的真實性，並根據本金、利率情況計算應支付利息，判斷該筆支出是否正常。銀行可向所屬地外匯局提出申請，要求協助審核相關業務的真實性。

　　2. 若為海外代付、貿易融資等業務支付的境外貿易融資利息，利息支付應與進口貨物貨款一起支付；若為單獨支付利息且利息為貨物貿易融資利息，應關注企業進出口情況，是否為貨物貿易名錄企業、是否辦理實際進出口業務等。

【52】台資銀行中國大陸分行外匯業務展業
──貿易融資（一）

貿易融資，是指銀行對進出商提供與進出口貿易相關的短期融資或信用便利。可分為進口貿易融資、出口貿易融資、轉口貿易融資等。進口貿易融資包括開立信用證、進口押匯、進口代付等；出口貿易融資包括打包貸款、出口押匯、出口商業發票融資、出口信保融資、福費廷、出口代付等。貿易融資須基於真實貿易背景為基礎，因此貿易真實性審核是貿易融資的重點。

一、業務審核

（一）確認所辦理的貿易融資業務具有真實貿易背景，基礎交易及業務本身依法合規，交易目的和交易性質清楚；基礎交易原則上應符合企業正常生產經營範圍。

（二）對客戶提交的單證，應按照展業原則要求，對單證及交易的真實性、一致性、合理性進行盡職審查。

1. 真實性：核對貿易項下相關單據是否真實、合法、有效。

2. 一致性：銀行應根據「單內一致」、「單證一致」、「單單一致」和「表面相符」的原則，對合同真實性、條款合理性、貿易規律合理性、要素一致性等進行審查。加強貿易單據的一致性和關聯性審核，分析各單據的日期、金額、貨物等關鍵資訊之間是否矛盾。在對初次辦理業務的客戶或對本筆貿易存疑的情況下，可要求客戶補充提交本筆貿易下涉及的其他單據，並對單據之間的邏輯關係進行分析。

3. 合理性：貿易項下結算方式、履約期限和商品價格等關鍵要素，是否符合正常貿易情形；貿易融資業務金額與申請人的經營能力是否匹配，融資期限與貿易週期是否匹配，進出口商品與歷史交易紀錄是否匹配。各銀行應結合客戶經營、上下游交易對手、資信狀況、財務指標等情況，對業務需求進行合理性審查，確認業務辦理和敘做產品的必要性。

二、風險提示

對具有下列異常特徵的貿易融資業務，銀行應加強盡職調查，以更嚴格標準進行真實性審核及持續監控，並審慎辦理相關業務。

1. 客戶所申請的貿易融資規模、融資期限明顯超出實際需求，融資幣種與實際經營需求明顯不匹配。

2. 基礎交易涉及大額、頻繁的關聯交易或疑似構造交易，例如離岸轉手買賣時，關聯企業之間將大額提單、倉單等貨權單證頻繁轉手買賣。

3. 註冊時間短或屬輔導期企業，但進出口量或結算量急劇膨脹。

4. 企業帳戶開立、購匯申請等日常業務辦理，均由招商人員或代帳會計等代理人代辦。

5. 企業註冊資本較小，但帳戶往來資金量特別巨大和頻繁，且帳戶日均餘額極小、無沉澱資金。

6. 企業短期內大量、集中、頻繁購匯，且交易對手較為單一；購匯所用人民幣資金來源可疑，例如購匯所用人民幣資金多

是通過網銀轉帳。

7. 交易標的物屬於體積小、運輸成本低、價值高的敏感商品,如貴金屬、積體電路晶片等電子產品、礦砂等大宗商品。

8. 發生重大貿易糾紛、債務糾紛、訴訟等影響融資安全的爭端事項。

【53】台資銀行中國大陸分行外匯業務展業
──貿易融資（二）

一、進口信用證開證業務

進口信用證開證，是指銀行憑客戶授信額度或單筆授信，為其辦理對外開立進口信用證的業務。

客戶憑開證申請書、進口合同、外匯局《登記表》（B類企業、C類企業必須提供），辦理進口信用證開證業務。須注意的是，根據銀行外債的規定，九十天以上的遠期信用證須占用開證行的外債額度。

（一）審核要點

1.按照國際結算慣例審核開證申請書和進口合同，兩者金額、貨物、收付款人等關鍵資訊應一致。

2.開證申請人與進口合同約定進口單位。代理進口業務按「誰進口誰付匯」的原則，由代理方負責進口、開證、付匯，委託方可憑委託代理協議將外匯劃轉給代理方，也可由代理方購匯，委託方不得購匯。

3.在進口合同上簽註開證日期、金額，加蓋業務印章後影印留存（留存正本者無須）。

4.B類企業在開證時進行電子資料核查，透過「貨物貿易外匯監測系統」，在進口付匯核查介面的「本次核註金額」和「本次核註幣種」欄，錄入企業開證金額（按照溢裝後的最大金額）

與相應幣種，未超過付匯額度者，系統自動扣減對應進口可付匯額度。

5. 對於憑《登記表》辦理的業務，應在監測系統查詢並核對相應《登記表》電子資訊；在《登記表》有效期內，按照《登記表》註明的業務類別、結算方式和「外匯局登記情況」，在登記金額範圍內為企業辦理相關業務，並通過監測系統簽註《登記表》使用情況，在付款時同步完成金額的簽註。

6. C類企業不得辦理九十天以上（不含）的遠期信用證（含展期）。

7. 深入了解基礎交易背景情況、開證需求真實合理、基礎交易符合貨物貿易業務規定、交易商品應屬於客戶正常經營範圍。

（二）風險提示

對於下列開立進口信用證業務，銀行應加強盡職審查並審慎辦理：

1. 開證金額、付款期限明顯超出客戶實際經營所需，開證幣種與客戶實際經營必需明顯不匹配。

2. 開證的交易標的物涉及投機炒作、價格波動大等大宗敏感商品。

3. 交易對手為關聯企業。

4. 對貨權歸屬無法做出準確判斷者。

二、進口貿易融資業務

進口貿易融資業務，是指銀行在收到進口信用證、進口代收或匯出匯款項下客戶提供的相關單據後，由銀行自身或聯合境內

外機構，向進口商提供用於支付該信用證、代收或匯款項下進口
貨款的短期資金融通，包括但不限於進口押匯、進口代付等業務
品種。

（一）審核要點

1. 真實性和一致性審核

（1）核對貿易項下相關單據是否真實合法有效。

（2）審核貿易單據的一致性和關聯性，分析各單據的日期、
金額、貨物等關鍵資訊之間是否矛盾。

（3）在對初次辦理業務的客戶或對本筆貿易存疑的情況下，
可要求客戶補充提交本筆貿易下涉及的其他單據，並對單據之間
的邏輯關係進行分析。

（4）對於交易對手為關聯企業者，參考市場價格判斷交易價
格是否公允，並通過監控資金流向、查驗交易單據等方式，核實
合同執行的真實性。

【54】台資銀行中國大陸分行外匯業務展業 ——貿易融資（三）

（接上篇進口貿易融資業務）

2. 合理性審核

（1）貿易項下結算方式、履約期限和商品價格等關鍵要素是否符合貿易慣例，是否與歷史交易紀錄匹配。

（2）融資金額應遵循實需原則且與客戶應付款金額相匹配，與客戶生產經營能力相匹配。

（3）融資期限應與貿易週期匹配。應防止進口貿易融資期限過長，導致客戶銷售回款後不及時歸還貸款或挪作他用。

（4）客戶進口貿易的單據要求及單據交遞方式是否合理，是否與以往歷史單據流相吻合，單據是否符合相關行業慣例。

3. 其他要求

（1）可在客戶提交的正本運輸單據上簽註融資資訊（含融資期限、金額、融資日期），並留存相關單據正本或影本，防範重複融資。

（2）對於在融資申請時確實無法提供報關單者，須在融資後合理期限內提交，如不能及時提交，應要求客戶提前償還融資。

（3）辦理同業代付業務時，委託行應在申請時將客戶提交的單據影本一併提供給受託行，供受託行審核。在雙方的委託或合作協定中應明確劃分責任。

（4）貨權質押項下的融資金額還應根據質押物價值合理確定，可參考現貨和期貨市場的價格，評估質押貨物價值。

4. 關注客戶不得辦理預付貨款項下貿易融資。

5. 信用證、代收、匯款項下融資及海外代付融資資金，原則上用於支付貨款，不得挪作他用。

（二）風險提示

對下列進口融資業務，銀行應加強盡職審查並審慎辦理：

1. 融資金額、期限、幣種等明顯與客戶實際經營不匹配。

2. 融資的交易標的物涉及投機炒作、價格波動大等大宗敏感商品。

3. 交易對手為關聯企業。

4. 對貨權歸屬無法做出準確判斷者。

5. 預付貨款項下融資業務。

三、出口融資

（一）出貨前融資

出口出貨前貿易融資業務，是指出口企業憑符合條件的正本信用證或合同（訂單），向銀行申請用於出口貨物備料、生產和裝運等履約活動的短期貿易融資，包括但不限於打包貸款、訂單融資等業務品種。

根據《國家外匯管理局關於進一步推進外匯管理改革完善真實合規性審核的通知》（匯發〔2017〕3號）的規定，出貨前的外幣融資，已經可以結匯，但企業應以貨物貿易出口收匯資金償還，原則上不允許購匯償還。

銀行辦理此類業務的審核重點如下：

1. 真實性和一致性審核

（1）核對貿易項下相關單據是否真實合法有效。

（2）審核貿易單據的一致性和關聯性，分析各單據的日期、金額、貨物等關鍵資訊之間是否矛盾。

（3）在對初次辦理業務的客戶或對本筆貿易存疑的情況下，可要求客戶補充提交本筆貿易下涉及的其他單據，並對單據之間的邏輯關係進行分析。

（4）出口商品是否屬於客戶經營範圍，商品定價是否合理，能否按質、按量、按期交貨。

2. 合理性審核

（1）貿易項下結算方式、履約期限和商品價格等關鍵要素是否符合貿易慣例，是否與歷史交易紀錄匹配。

（2）融資金額應遵循實需原則且與客戶信用證／訂單金額相匹配，與客戶生產經營能力相匹配。

（3）融資期限應與生產經營及備貨週期匹配。

【55】台資銀行中國大陸分行外匯業務展業
──貿易融資（四）

（接上篇出口出貨前貿易融資）

3. 其他要求

（1）在客戶提交的正本信用證／合同／訂單上簽註融資資訊（含融資期限、金額、融資日期），並留存相關單據正本或影本，防範重複融資。

（2）出口商品數量及價格是否穩定。對於價格波動較大或屬於生鮮、易變質、季節性較強的出口商品，應審慎辦理融資。

（3）企業歷史紀錄有無逾期收匯、未收匯情況。

（4）通過同業代付辦理出口出貨前融資時，委託行應在申請時將客戶提交的單據影本一併提供給受託行，供受託行審核。在雙方的委託或合作協議中應明確劃分責任。

4. 對關注客戶，應要求企業出口後補交報關單／出境貨物備案清單。

5. 企業可根據分批採購需求，在一筆訂單項下分次進行訂單融資。對於關聯交易項下訂單融資，應從歷史交易紀錄、價格公允性、資金流向等方面，對交易背景的真實性和關聯交易的合理性，加強盡職審查並審慎辦理。

6. 風險提示

加強貸後管理，及時了解和掌握客戶的生產、備貨情況，監督融資款項使用，確保專款專用，若出現以下情況之一，應停止辦理融資：

（1）經常取消訂單，且無法給出合理解釋。

（2）未按合同期限交貨。

（3）出口商品品質不穩定或價格出現較大波動。

（4）根據現行法規，B類企業在監管期內不得簽訂包含九十
天（不含）以上的收匯條款的出口合同。

（二）出貨後融資

出口出貨後貿易融資業務，是指出口企業將全套出口單據提
交銀行，銀行按照票面金額的一定比例，為出口商提供短期貿易
融資業務，包括但不限於出口押匯、出口商票融資、福費廷及出
口信保融資等業務品種。

1. 真實性和一致性審核

（1）核對貿易項下相關單據是否真實合法有效。

（2）審核貿易單據的一致性和關聯性，分析各單據的日
期、金額、貨物等關鍵資訊之間是否矛盾。

（3）在對初次辦理業務的客戶或對本筆貿易存疑的情況
下，可要求客戶補充提交本筆貿易下涉及的其他單
據，並對單據之間的邏輯關係進行分析。

（4）應收帳款應無任何瑕疵，債權真實、合法、有效和完
整。客戶未將應收帳款轉讓給協力廠商或設定任何形
式的擔保，不存在被協力廠商主張抵消、代位權等權
利瑕疵或被採取法律強制措施的情形。

2. 合理性審核

（1）貿易項下結算方式、履約期限和商品價格等關鍵要素是
否符合貿易慣例，是否與歷史交易紀錄匹配。

（2）融資金額應遵循實需原則且與客戶應收款金額相匹配，與客戶生產經營能力相匹配。

（3）融資期限應與貿易週期匹配。

（4）客戶出口貿易的單據要求及單據交遞方式是否合理，是否與以往歷史單據流相吻合，單據是否符合相關行業慣例。

3. 其他要求

（1）可在客戶提交的正本運輸單據上簽註融資資訊（含融資期限、金額、融資日期），並留存相關單據正本或影本，防範重複融資。

（2）對於在融資申請時確實無法提供報關單者，須在融資後合理期限內提交，如不能及時提交，應要求客戶提前償還融資。

（3）通過同業代付辦理出口出貨後融資時，委託行應在申請時將客戶提交的單據影本一併提供給受託行，供受託行審核。在雙方的委託或合作協議中應明確劃分責任。

（4）對於福費廷業務，由於銀行無追索權地買入因商品交易產生而已由金融機構承兌／保付的未到期債權，嚴格審核單據時，必須確保債權轉讓條款或背書清楚、完整、有效，符合有關法律法規要求。

4. 風險提示

（1）通過各種途徑，包括查詢企業海關出口量、企業財務報表等資訊，分析企業是否存在重複融資、過度融資

等情況。

（2）關注企業歷來應收帳款、逾期收匯等資訊，了解企業歷來資金回籠週期與融資期限是否匹配。

（3）審慎為異地企業、輔導期企業、出口量與註冊資本嚴重背離等異常企業辦理融資。

（4）根據現行法規，B類企業在監管期內不得簽訂包含九十天（不含）以上的收匯條款的出口合同。

【56】台資銀行中國大陸分行外匯業務展業 ——貿易融資（五）

　　轉口貿易融資業務，指銀行為轉口貿易客戶（包含離岸轉手買賣及收支申報為海關特殊監管區域，及保稅監管場所進出境物流貨物），在進出口環節辦理的各類貿易融資業務。主要有開立信用證、提單轉賣項下轉口貿易融資、境內倉單轉賣項下轉口貿易融資。

　　其中，提單轉賣項下轉口貿易融資，是指在境內企業與境外客戶簽訂購貨商品合同，向境外客戶開立信用證或付款後取得提單所有權，在未實施進口報關或進境備案前，向其他境外或境內買家背書轉讓提單的轉口貿易結構中，銀行為企業提供的短期資金融通。

　　境內倉單轉賣項下轉口貿易融資，是指在境內企業與境外客戶簽訂購貨商品合同，向境外客戶開立信用證或付款後取得境外企業存放在境內保稅倉庫的貨物所有權後，向其他買家轉讓倉單的轉口貿易結構中，銀行為企業提供的短期資金融通。

一、審核要點

　　1.貿易背景真實性：業務人員應重點審核提單／倉單真實性，可通過國際提單查詢機構、船公司網站、倉儲公司或實地走訪倉儲公司等方式，查詢驗證提單的真實性，以及提單背書的連續性（非指定性抬頭提單除外）及提單所有人，並審核原產地證明、保險單據等其他單據（如有）的一致性。比對海事查詢服務

查詢船舶動態與提單的各項要素，審核是否相符，確認客戶對貨物的所有權。應注意，記名提單不可以轉讓。

2. 融資合理性：重點審核轉口收支帳期與融資期限是否匹配，商品購銷價格是否背離市場趨勢，提單或倉單是否已被簽註過融資資訊，背書是否連續，只要背書連續且清晰表明融資資訊（包括融資主體、融資時間、金額以及融資銀行的資訊），則可予以辦理。

3. 關聯交易審核：應重點關注融資企業上下游交易對手是否存在內在關聯關係，並利用循環交易項下多次融資，一經發現應審慎辦理融資。

4. 開立信用證時，應按照國際慣例審核開證申請書和合同，兩者金額、貨物、收付款人等關鍵資訊應一致。信用證單證條款應包括物權憑證（全套正本運輸單據或倉單），不接受已經簽註的提單或倉單。在同一貨物項下購銷合同上簽註開證日期、金額，加蓋業務印章後影印留存（留存正本則無須）。

二、風險提示

1. 企業轉口貿易融資期限應與轉口收支帳期嚴格匹配，融資期限不應超過收支期限缺口，銀行為客戶辦理轉口貿易融資應重點審核回款帳期與融資期限是否匹配。轉口貿易最長融資期限，不應超過一年。

2. 銀行對企業轉口項下銷售回籠資金應加強監控，銷售回款應用於進口項下付款、歸還融資款或存入還款保證金帳戶，不應流入定期存款、理財產品帳戶等收益性帳戶。

3. 對於轉口項下商品購買價格平於或高於銷售價格者，若與商品市場價格變動趨勢不符，且客戶不能做出合理說明，銀行應審慎或拒絕辦理融資。

4. 銀行辦理轉口貿易融資應通過有效途徑，核驗物權單據的真實性，可在物權憑證上簽註融資資訊（含融資期限、金額、融資日期）。對於無法核實真實性的物權憑證，應審慎辦理融資。

5. 銀行應關注轉口貿易交易對手，對於購、銷交易對手存在關聯關係，甚至與同一家企業反覆循環交易者，要從嚴審核，審慎辦理業務。

6. 銀行不應接受金融同業（含銀行和非銀行類）擔保和本行異地（含跨省、直轄市、計畫單列市）擔保而為客戶辦理轉口貿易融資（含開證等表外融資）。上述擔保含存單質押、理財產品質押、銀行承兌匯票質押、保證擔保、押品代管、保函、協議擔保等，或具有相同功能的其他擔保。

7. 對交易標的物為大宗商品、高價值、易運輸等敏感商品（如貴金屬、電子產品等）的轉口貿易，銀行應加強交易背景真實性審核，審慎辦理此類業務。

【57】台資銀行中國大陸分行外匯業務展業 ——對外投資

　　銀行為投資主體辦理境外直接投資外匯業務前，除按照《總則》標準進行客戶識別外，還應審核客戶准入條件：

　　1. 查詢外匯局資本項目信息系統，確認客戶是否按規定報送直接投資存量權益資料，確保客戶未被業務管控。

　　2. 審核境內機構相關合法註冊文件，及商務主管部門或國有資產管理部門或財政部門相關文件，確保審辦業務所需資料真實、合法、合規、齊全。

一、客戶分類

　　可信客戶與關注客戶，按照《總則》標準進行分類。除此之外，關注客戶還包含以下主體：

　　1. 投資主體為融資租賃公司、基金類機構、投資公司、諮詢公司等，不具有實際生產經營活動的機構以及合夥制企業。

　　2. 自身資產總額低於其對外投資項目投資總額的機構（即母小子大情形）。

　　3. 投資資金並非來自投資主體自有資金的機構（不含股東借款）。

　　4. 境內投資主體為異地機構、股東為異地機構或個人。

　　5. 境內投資主體成立時間不超過一年，或短期內集中辦理境外直接投資登記業務的機構。

　　6. 境外投資項目與境內投資主體主營業務差異較大的機構。

7. 企業負責人、主要股東、總經理等高階人員被納入個人結售匯關注名單的機構。

8. 其他銀行認定的關注客戶。

二、業務審核

1. 銀行辦理境外直接投資外匯業務，應盡職審查客戶資料，全面了解業務背景，確保客戶申請辦理業務背景真實、交易目的清楚合理、資金來源合法合規，確保境外投資項目已經主管部門批准。

2. 在明知客戶無真實投資背景，交易目的不合理，資金來源不合法，涉嫌通過虛假、偽造或變造憑證等情況下，銀行不得辦理相關業務。

3. 銀行應對客戶提交的對外直接投資交易單證，合理審查其真實性及其與對外直接投資外匯收支的一致性。其中包括但不限於：通過客戶上年度審計報告或最近一期財務報表、客戶在銀行辦理結算的收支紀錄、客戶在海關或其他協力廠商機構可查資料等資訊，收集分析客戶資金來源是否真實、合法；通過境外項目投標書、收購協議、轉股協議、租賃合同、勞務合同等資料，分析客戶資金用途是否真實合規。當客戶日常結算業務與對外投資業務分別在不同的銀行辦理時，辦理對外投資業務銀行可要求客戶提供日常結算業務帳戶流水，證明企業的大額資金來源。

4. 銀行辦理境外直接投資外匯登記，除申請書、登記表等須留存原件外，其他相關資料應查驗、審核原件，並留存經境內機構加蓋單位公章（包括公章、財務章或其他具有相關法律效力的

單位印章）的所有書面申請資料原件或影本（或經境內居民個人本人簽名的所有書面申請資料原件或影本），並按外匯局文件規定的年限保留相關業務資料備查。

5. 境內企業（含非銀行金融機構）取得相關主管部門關於境外直接投資的批准資料並按規定辦理外匯登記後，應在境外投資項目具有真實、合規、明確的實際資金用途時，匯出境外直接投資資金，不得提前（購匯）匯出。未經批准，境外直接投資資金不得直接或間接用於證券投資，不得利用境外直接投資管道開展QDLP（合格境內有限合夥人）業務。

6. 辦理直接投資項下外匯收支應遵循「先登記後匯兌」原則，在資本項目信息系統尚可流入／匯出額度內辦理資金收付，不得為管控企業辦理境外直接投資相關業務。

7. 銀行辦理境外直接投資資金匯出（包括前期費用匯出）應按照支付使用原則，審核並確認客戶資金使用具有真實用途證明資料（合同或協議、支付指令等）後，方可為客戶辦理資金匯出業務。境外併購股權者，應審核相關股權轉讓協議等資料。

三、風險提示

對具有下列異常特徵的業務，銀行應加強盡職調查，以更嚴格標準進行真實性審核及持續監控，並審慎辦理相關業務：

1. 以境外直接投資為管道，實為境內機構或個人向境外轉移資產或投資移民。

2. 交易目的不合理。

3. 資金來源不合理。

4. 資金去向存疑（不能明確說明資金最終去向、用途）。

5. 涉嫌通過虛假、偽造或變造憑證辦理業務。

【58】境內企業境外投資外匯政策分析

境內企業赴境外投資的外匯政策，經過多次調整，從嚴格控管至放寬管制，又調整為嚴格控管，主要監管則從外匯局審核下發到銀行審核。

一、取消直接投資項下境內外匯劃轉核准

2012年發布的《國家外匯管理局關於進一步改進和調整直接投資外匯管理政策的通知》（匯發〔2012〕59號），取消了：

1. 前期費用外匯帳戶資金因直接投資而發生的境內外匯劃轉核准。

2. 直接投資項下境內外匯資金，因投資、交易、運作等資本項目交易目的所發生的其他境內外匯劃轉核准。

銀行僅須審核企業提交的外匯登記憑證及外匯局相關業務系統中列印的境外投資可匯出資金額度資訊，就可為企業辦理境外投資款項匯出，但須注意，企業匯出資金累計不得超過外匯局在相關業務系統登記的可匯出資金額度。銀行應於資金匯出當日在外匯局相關業務系統中備案，若收款人資訊與外匯局相關業務系統中登記資訊不一致，銀行應在備案時於備註欄中註明。

二、允許內保外貸資金用於境外投資

2014年發布的《跨境擔保外匯管理辦法》（匯發〔2014〕29號）規定，內保外貸合同項下融資資金，用於直接或間接獲得對境外其他機構的股權（包括新建境外企業、收購境外企業股權和

向境外企業增資）或債權時，該投資行為應當符合國內相關部門有關境外投資的規定。

　　2017年8月發布的《關於進一步引導和規範境外投資方向的指導意見》（國辦發74號，下稱74號文），將境外投資分為鼓勵類、限制類及禁止類。台資銀行在中國大陸的分行須注意，辦理「內保外貸」的保函業務時，如果境外借款資金用途是用於直接或間接獲得對境外其他機構的股權，特別是包括了新設立的境外公司，或是收購境外企業股權和針對境外企業增資時，必須注意這項境外投資行為一旦屬於74號文的限制類或禁止類，則銀行不能承接該筆「內保外貸」保函業務。

三、要求銀行須審核境外投資資金來源

　　《國家外匯管理局關於進一步推進外匯管理改革完善真實合規性審核的通知》（匯發〔2017〕3號）規定：「八、加強境外直接投資真實性、合規性審核。境內機構辦理境外直接投資登記和資金匯出手續時，除應按規定提交相關審核資料外，還應向銀行說明投資資金來源與資金用途（使用計畫）情況，提供董事會決議（或合夥人決議）、合同或其他真實性證明資料。銀行按照展業原則加強真實性、合規性審核。」

　　銀行在辦理企業境外投資款項匯出時，須審核企業的境外投資資金來源，對資金來源不明確的不予辦理相關業務。另須特別注意，企業以足額資金擔保，要求銀行開立保函，擔保境外企業借款用於境外投資時，銀行同樣須審核其用於擔保的資金來源，

避免出現企業資金來源不符合對外投資的規定，通過內保外貸惡意履約，繞過對外投資資金審核的情況。

【59】境內外匯貸款結匯新政策解析

　　2017年1月之前，台商在境內銀行獲得的外匯貸款，根據《國家外匯管理局關於實施國內外匯貸款外匯管理方式改革的通知》（匯發〔2002〕125號）的規定，只有出口押匯和打包放款性質的款項才能結匯，造成用途受限，對很多須在境內使用人民幣的台商，借用美元的意願不大。本次發布的《國家外匯管理局關於進一步推進外匯管理改革完善真實合規性審核的通知》（匯發〔2017〕3號，下稱3號文）則放寬了境內外匯貸款的結匯限制，只要具有貨物貿易出口背景的境內外匯貸款，均可辦理結匯，但只能以貨物貿易出口收匯資金償還借款，不能購匯償還。

一、可降低境內台商融資成本

　　3號文未公布前，在中國大陸境內採購原物料加工後出口的台商，當貨物未出口前，在境內銀行取得外匯貸款由於不能結匯，台商如須在貨物未出口前借款採購原料，只能在境內借人民幣，相較於借用美元，一方面借款利率高，另一方面收取的美元貨款還須結匯為人民幣歸還貸款，存在匯率風險。因此這類交易模式的台商，無法再借用外幣貸款。

　　3號文將可結匯的外匯貸款，放寬至信用證及託收項下出口押匯、出口貼現、出口商業發票貼現、出口保理、福費廷、訂單融資、協議融資、出口海外代付、打包放款等具有貨物貿易出口背景的境內外匯貸款，不再僅僅局限於出口後的融資，台商在出口貨物前，憑合同等貨物貿易的真實性證明文件，即可將從境內

銀行獲得的外幣貸款結匯，用於境內原物料採購及其他人民幣支出；台商出口貨物收到美元貨款後，直接歸還銀行美元貸款，無須再購匯。這種模式下，台商可以用較低的利率借用美元貸款，又因為收美元貨款還美元貸款，而不用承擔匯率風險。

二、對台資銀行中國大陸分行的影響

台資銀行中國大陸分行，一般都是缺人民幣資金，不缺美元，因此台商的美元需求增加對中國大陸分行來說，可增加業務機會。但同時須注意：

1. 交易真實性審核，客戶在未出口時，僅能提交出口合同來證明交易的真實性，銀行須根據外匯展業原則，在了解客戶、了解業務、盡職調查的基礎上，對客戶的出口合同、境外的交易對手、交易的產品性質與客戶主營業務的相關性、合同金額與客戶實際經營規模是否相符等，進行確認，確保交易的真實性，避免外匯局處罰風險。

2. 根據 3 號文的規定，為避免公司和銀行資金貨幣錯配，降低境內外匯貸款結匯對貨幣政策的衝擊，對於已結匯使用的境內外匯貸款，台商只能以貨物貿易出口收匯資金償還，原則上不允許購匯償還。由於從其他銀行劃轉過來歸還外幣貸款的外幣，中國大陸分行無法確認是否為購匯，因此中國大陸分行最好讓客戶將收款戶開在本分行，這樣才有辦法直接控管客戶的外匯收入直接用於償還外幣貸款。

【60】銀行執行外匯管理規定
　　情況考核內容及評分標準政策（上）

　　《國家外匯管理局綜合司關於印發〈銀行執行外匯管理規定情況考核內容及評分標準（2017年）〉的通知》（匯綜發〔2017〕31號，下稱31號文）的考核內容，包括業務合規、資料品質、內控管理、風險性指標等，對銀行執行外匯考核的內容及評分標準進行調整。相較之前的評分標準，本次主要變化如下：

一、督促銀行健全激勵約束機制

　　新增「內部績效考核與外匯合規管理掛鉤情況」考核指標，內部績效考評一共為三分，主要考評銀行內部績效考核與外匯合規管理掛鉤情況，該項要求銀行將內部績效考核與外匯合規管理相結合，形成制度並報送外匯局。內部績效考核的「合規經營」類指標中，與執行外匯管理規定相關的分值綜合權重是否不低於15%。

二、優化外匯產品定價機制

　　新增「外匯產品定價策略與執行情況」考核指標，進一步優化外匯產品定價機制。

　　外匯產品定價策略與執行情況考評為三分，考核內容為：

　　1. 外匯產品定價策略是否切實體現外匯管理政策意圖。

　　2. 是否主動運用價格槓桿措施合理引導客戶預期，有關措施是否具有較好的及時性、靈活性與可操作性。

3.執行外匯產品定價策略是否具有統一標準，後續執行是否到位。

三、發揮自律監督機制

新增「銀行外匯業務自律情況」考核指標，以充分發揮自律監督機制的作用，促進銀行合規經營。

銀行外匯業務自律評分為二分，主要考核內容如下：

（一）是否按照展業自律要求，履行客戶身分識別職責

1.是否制定實施本行了解客戶身分和背景的相關業務制度。

2.是否制定實施對客戶實施分類管理的相關業務制度，是否對不配合銀行進行身分識別或提供虛假身分資訊資料的客戶進行管理。

3.是否制定實施定期更新客戶資訊制度。

（二）是否按照展業自律要求，履行業務審核職責

1.是否制定實施切實履行合規性、真實性、審慎性審查職責的相關業務制度。

2.是否制定實施按照客戶風險等級採取不同等級盡職審查措施的相關業務制度。

3.是否制定實施根據業務風險狀況和客戶風險等級，要求客戶提供或主動收集證明資料。

（三）是否按照展業自律要求，履行業務持續監測職責

1.是否制定實施在業務存續期間持續監測客戶的後續行為及資金流向，實施動態監控措施的相關業務制度。

2.是否制定實施客戶出現異常情況時，銀行重新進行客戶識別的相關業務制度。

3.是否制定實施留存電子及書面形式的客戶背景調查、業務審核、持續監控等環節資料和結果的相關業務制度。

（四）是否按照展業自律要求，履行報告職責

1.是否制定實施監測異常或涉嫌外匯違規行為並向外匯局報告的相關業務制度。

2.是否制定實施同業監督的相關制度。

（五）是否將展業自律要求內化於銀行內控制度中

1.是否為實施《銀行外匯業務展業原則》等自律文件建立內控保障機制，將展業自律要求內化於銀行自身的風險管理、業務操作、考核等內控制度之中。

2.是否建立銀行自上而下的外匯業務內控合規體系、明確負責統籌全行外匯業務展業原則工作的主導部門，並建立具體工作機制。

3.是否按展業自律要求更新內控制度。

4.是否按展業自律要求完善系統建設。

5.是否就展業自律主題開展員工培訓。

【61】銀行執行外匯管理規定
　　　情況考核內容及評分標準政策（下）

（接上篇）

四、強調主導部門的重要性

　　新增「全行內部支援『外匯管理工作牽頭部門』工作情況」考核指標，強調主導工作的重要性，督促完善外匯管理政策的傳導機制。該項考評為二分，主要考評內容如下：

　　1. 是否設有配合外匯管理工作的主導部門。

　　2. 是否賦予主導部門足夠權威，以確保主導工作執行力。

　　3. 主導部門是否切實履行以下責任：

　　（1）與外匯局保持日常工作對接。

　　（2）主動、定期評估外匯管理政策變化。

　　（3）在全行範圍內及時準確傳達外匯管理政策意圖。

　　（4）協調行內有關部門對內部制度與規程進行必要修訂。

　　（5）聯合行內有關部門研究制定貫徹外匯管理政策的措施，並監督後續實施情況等。

五、切實保障內控管理水準

　　新增「配置外匯業務政策合規專門崗位」考核要求，切實保障內控管理水準。此項考評為三分，未設置該職位的銀行，須按照外匯局規定進行整改。

六、推動本外幣一體化監管

新增「跨境收付款差額占總額年度比率變動」考核指標，推動本外幣一體化監管，促進國際收支平衡。該項考評分為五分，主要考核內容如下：

（一）考核期間，是否將跨境收付款（含本外幣）差額占總額的年度比率變動，控制在合理範圍內。

（二）區分跨境資金流入、流出和基本平衡三種情境進行考核，由外匯局在考核期末判定屬於何種情境。

具體評分標準及計算方式如下：

1. 當考核期間呈現跨境資金流入壓力時，跨境收付款（含本外幣）差額占總額的年度比率變動，數值小於同期全國平均水準者不扣分，每大於全國平均水準一個百分點扣0.1分，扣完為止；不足一個百分點者，取小數點後兩位折算。

2. 當考核期間呈現跨境資金流出壓力時，跨境收付款（含本外幣）差額占總額的年度比率變動，數值大於同期全國平均水準者不扣分，每小於全國平均水準一個百分點扣0.1分，扣完為止；不足一個百分點者，取小數點後兩位折算。

3. 若跨境資金流動基本平衡，各銀行此項指標均為滿分。

4. 跨境收付款（含本外幣）差額占總額的年度比率變動＝〔考核期內跨境收付款（含本外幣）差額／考核期內跨境收付款（含本外幣）總額〕－〔上一考核期內跨境收付款（含本外幣）差額／上一考核期內跨境收付款（含本外幣）總額〕。

其中，跨境收付款（含本外幣）差額＝跨境收款（含本外幣）－跨境付款（含本外幣）；跨境收付款（含本外幣）總額＝跨境收款（含本外幣）＋跨境付款（含本外幣）。

七、其他變動

1. 取消「貿易融資風險度」考核指標，進一步鼓勵發展跨境貿易融資，緩解購匯壓力。

2. 完善現有「配合監管情況」考核內容，促使銀行更加積極主動地配合外匯管理階段性調控工作。

3. 完善現有「對外擔保履約率」考核指標，提高考核評分標準的合理性，優化考核效果，主要在於對外擔保履約率的計算公式由原「當年」改為「本考核期」。

【62】銀行進口付匯業務單證審核新政解析

　　《國家外匯管理局關於便利銀行開展貿易單證審核有關工作的通知》（匯發〔2017〕9號，下稱9號文）對銀行在支付貨物貿易款項時，提出了新的審核要求。

　　9號文要求銀行在支付貨物貿易貨款時，辦理單筆等值10萬美元（不含）以上貨物貿易對外付匯業務（離岸轉手買賣業務除外，下同），銀行在按現行規定審核相關交易單證的基礎上，原則上應通過系統的「報關信息核驗」模組，對相應進口報關電子資訊辦理核驗手續；銀行能確認企業對外付匯業務真實合法者，可不辦理核驗手續。

　　辦理單筆等值10萬美元以下貨物貿易對外付匯業務，銀行可按照「了解客戶、了解業務、盡職審查」的原則，自主決定是否通過系統對相應進口報關電子資訊辦理核驗手續。

　　之前銀行在為A類企業支付貨物貿易下款項時，僅須審核發票或合同或進口報關單，現在根據9號文要求，單筆10萬美元以上的貨物貿易付款，銀行必須登入系統進行進口報關單核註。

一、辦理進口報關電子資訊的核驗手續

　　1. 對於已完成進口報關手續者，銀行自辦理貨物貿易對外付匯業務之日起五個工作日內，按照本次貨物貿易對外付匯金額，在系統中辦理核驗手續。

　　2. 對於未完成進口報關手續者，銀行應要求企業在完成報關手續之日（也就是進口日期，下同）起四十日內，提供相應的報

關資訊,並按照本次貨物貿易對外付匯金額,在系統中補辦理核驗手續。

3. 對於已完成進口報關手續,但企業因合理原因無法及時提供報關資訊者,銀行確認交易真實合法後為其辦理付匯業務,在企業完成報關手續之日起四十日內,補辦理核驗手續。對於上述確實無法提供報關資訊者,銀行應在系統中對該筆付匯業務進行記錄。

4. 對於因溢短裝等合理原因導致貨物貿易實際對外付匯金額大於報關金額,銀行在系統中辦理核驗手續時,應註明原因。

二、應加註相應標識的情況

對於存在下列情況之一的企業,銀行應逐筆在系統中對企業加註相應標識:

1. 未在規定期限內提供報關資訊且無合理解釋。

2. 涉嫌重複使用報關資訊且無合理解釋。

3. 涉嫌使用虛假報關資訊。

4. 其他須加註標識的情況。

企業的標識資訊,會通過系統向全國銀行開放。

企業的標識資訊保存期限為二十四個月。若由於銀行操作失誤導致企業被錯誤標識時,經銀行內部審批後,銀行可撤銷相關企業的標識資訊。

　　對於因資料傳輸不完整等原因，造成系統缺漏相應進口報關電子資訊者，銀行應確認交易真實合法後為其辦理付匯業務，並及時在系統中補辦理核驗手續。對於系統始終缺漏進口報關電子資訊者，銀行應在系統中對該筆付匯業務進行記錄。

　　進口報關的電子資訊對銀行開放，降低了銀行支付貨物貿易貨款的審核風險。對新辦業務客戶，建議先期對客戶每筆貨物貿易的貨款支付都進行報關資料的電子核查，以降低審核風險。

【63】外匯新政下銀行如何審核利潤匯出資料

2017年2月，中國大陸國家外匯管理局發布了《關於進一步推進外匯管理改革完善真實合規性審核的通知》（匯發〔2017〕3號，下稱3號文），對外商投資企業的利潤匯出時銀行須審核的資料，進行了調整。

3號文規定，銀行為境內機構辦理等值5萬美元以上（不含）利潤匯出業務，應審核與本次利潤匯出相關的董事會利潤分配決議（或合夥人利潤分配決議）、稅務備案表原件、經審計的財務報表，並在相關稅務備案表原件上加章簽註本次匯出金額和匯出日期。境內機構利潤匯出前，應先依法彌補以前年度虧損。

其中，「經審計的財務報表」原本在《國家外匯管理局關於廢止和修改涉及註冊資本登記制度改革相關規範性文件的通知》（匯發〔2015〕20號）中已經被取消，3號文又再次要求；利潤匯出前依法彌補以前年度虧損，則是3號文提出的新要求。針對上述新變化，銀行在審核企業利潤匯出時，須注意如下事項：

一、可匯出的利潤金額

假設客戶在2017年10月申請匯出2013-2015年度利潤，銀行除須取得客戶2013-2015年度的審計報告外，還須取得客戶2016年的年度審計報告及2017年9月的財報，這主要是為了核實客戶2013-2015年度的可分配利潤及2016-2017年的經營情況。如客戶2016年、2017年存在虧損，客戶申請匯出的利潤只能是其2013-2015年度利潤減去2016年、2017年虧損的餘額。企業申請匯出的

利潤，如尚未進行年度的所得稅匯算清繳，銀行須關注其所得稅是否存在大額調整的可能。

銀行還須關注客戶是否按法規規定計提了法定盈餘公積。實務中，部分地區還要求企業計提職工獎勵及福利基金後，才能匯出。

另須注意的是「稅務備案表」，該表只是證明客戶已經辦理了利潤匯出的稅務備案，並不代表稅務認可其資料填列的正確性，銀行須通過其他資料交叉核實「稅務備案表」填列資料的正確性。對「稅務備案表」上所列示的匯出金額，還須確認是否已經扣除利潤匯出所得稅。

二、境外收款人資訊的核實

銀行須登入資本項目信息系統的綜合查詢模組，查詢客戶的外方股東，與利潤匯出的實際境外收款人名稱、註冊地進行比對，核實與登記中的外方股東名稱是否一致；對股東的出資比例與董事會決議進行比對，核實匯出比例是否一致，避免出現匯錯或境外股東發生變化而客戶未及時變更外匯登記資訊的情況。銀行還可登入資本項目信息系統存量資訊模組，查詢外方股東享有的淨利潤、分配外方股東的利潤金額合計以及匯往外方股東的利潤金額合計等資料，判斷該筆支出是否正常。

三、利潤匯出的資金來源

對資本金、外債、境內銀行借款等資金是否可以用於利潤分配的資金來源，法規中一直未予明確規定。從外匯局對利潤匯出

要求銀行審核的資料來看，外匯局更注重的是企業利潤的真實性
及是否繳納相關稅費，對利潤分配的資金來源並無要求。企業未
分配利潤可合法轉增資本，資本金用於利潤分配並無疑問；對外
債及境內銀行借款資金，只要沒有違背借款合同中的借款用途約
定，就可以用於企業的利潤分配。

【64】NRA 帳戶政策變化解析

　　NRA帳戶開立，主要基於《國家外匯管理局關於境外機構境內外匯帳戶管理有關問題的通知》（匯發〔2009〕29號，下稱29號文）、《中國人民銀行關於印發〈境外機構人民幣銀行結算帳戶管理辦法〉的通知》（銀發〔2010〕249號，下稱249號文）及《中國人民銀行關於境外機構人民幣銀行結算帳戶開立和使用有關問題的通知》（銀發〔2012〕183號，下稱183號文）等政策的規定，其中29號文規範的是外幣NRA帳戶的開立及用途等，249號及183號文規範的是人民幣NRA帳戶的開立及用途等。三項政策在發布後都經過了多次修改。

一、是否占用開戶行外債額度

　　根據29號文的規定，境外機構境內外匯帳戶資金餘額，除中國大陸國家外匯管理局另有規定外，應當納入境內銀行短期外債指標管理。

　　183號文則規定，在相關法規明確規定之前，境外機構人民幣銀行結算帳戶資金餘額，暫不納入現行外債管理。

　　2017年4月發布的《中國人民銀行關於全口徑跨境融資宏觀審慎管理有關事宜的通知》（銀發〔2017〕9號）對29號文的規定進行了調整，規定境外主體存放在適用全口徑外債政策的銀行境外本外幣存款，不占用開戶行的外債額度。

　　因此，目前NRA帳戶的存款無論外幣或人民幣，均不再占用境內銀行的外債額度。

二、帳戶餘額能否定期存款

外幣NRA帳戶餘額一直用於定期存款，2010年發布的249號文並未對人民幣NRA帳戶餘額是否能定期存款進行規範，但後續由於人民幣持續升值，且人民幣定存利率較高，為避免企業通過NRA帳戶套利套匯，人民銀行發布了《中國人民銀行辦公廳關於境外機構人民幣銀行結算帳戶存款利率有關事宜的通知》（銀辦發〔2010〕221號），規定境外機構在中國大陸境內銀行業金融機構開立的人民幣銀行結算帳戶的存款利率，按中國人民銀行公布的活期存款利率執行。

2016年人民銀行又發布了《中國人民銀行辦公廳關於調整境外機構人民幣銀行結算帳戶資金使用有關事宜的通知》（銀辦發〔2016〕第15號），規定境外機構（含境外央行類機構、境外主權類機構）在中國大陸境內銀行業金融機構開立的人民幣銀行結算帳戶內的資金，可以轉存為定期存款，利率按中國人民銀行相關規定執行。

因此，目前NRA帳戶的存款餘額無論外幣或人民幣，均可進行定期存款，給予定期存款利率。

三、NRA帳戶能否融資

外幣NRA帳戶能否進行融資，法規中一直未明確規定。人民幣NRA帳戶融資則在《人民銀行關於境外機構人民幣銀行結算帳戶開立和使用有關問題的通知》（銀發〔2012〕183號）中，明確規定：「境外機構可將人民幣結算帳戶資金用作境內質押境內融資。」該種模式屬於《跨境擔保外匯管理規定》（匯發

〔2014〕29號）中的「外保內貸」，境內銀行須至外匯局辦理外保內貸登記。另外，由於外幣及人民幣NRA帳戶自身能否融資，法規一直不明確，建議銀行謹慎承接此類業務。

【65】最新全口徑外債政策解析

2017年1月發布的《中國人民銀行關於全口徑跨境融資宏觀審慎管理有關事宜的通知》（銀發〔2017〕9號，下稱9號文），取代了2016年5月發布的《中國人民銀行關於在全國範圍內實施全口徑跨境融資宏觀審慎管理的通知》（銀發〔2016〕132號，下稱132號文），對全口徑外債政策進行了調整。

一、增加了企業的外債額度

9號文將企業的跨境融資槓桿率，由132號文的一倍調整為兩倍，因此企業可按淨資產的兩倍借入外債，相較於132號文增加了一倍。

二、明確規定了外資銀行分行實施全口徑外債政策

132號文未明確規定外資銀行分行能否適用全口徑外債，本次發布的9號文明確規定，外資銀行分行可選擇適用全口徑外債，其外債額度為分行營運資金的80%，營運資金以最近一期的審計報告為準。

三、增加了外幣NRA帳戶餘額不占用銀行外債額度的規定

9號文規定，企業和試點金融機構因境外機構投資境內債券市場，產生的人民幣被動負債；境外主體存放在試點金融機構的本外幣存款；合格境外機構投資者（QFII）或人民幣合格境外機構投資者（RQFII），存放在金融機構的QFII、RQFII託管資金；

境外機構存放在金融機構託管帳戶的境內發行人民幣債券所募集的資金，均不占用境內銀行外債額度。相較於132號文僅規定人民幣NRA帳戶資金不占用外債額度，9號文進一步放寬至外幣NRA帳戶。

四、調整表外負債的類別風險轉換因數為0.2

根據9號文，金融機構向客戶提供的內保外貸，按20%納入跨境融資風險加權餘額計算；金融機構因客戶基於真實跨境交易和資產負債幣種及期限風險對沖管理服務必需的衍生產品，而形成的對外或有負債，及因自身幣種及期限風險對沖管理必需，參與國際金融市場交易而產生的或有負債，按公允價值納入跨境融資風險加權餘額計算。金融機構在報送資料時，須同時報送本機構或有負債的名義本金，及公允價值的計算方法。

9號文將表外負債的類別風險轉換因數，從132號文規定的1調整為0.2。表外負債對銀行來說，最主要的是內保外貸業務及代客遠期結售匯業務，因此此次調整更有利銀行開展內保外貸業務及遠期結售匯業務。

五、明確規定政策的過渡期

1. 對企業和金融機構，中國人民銀行、國家外匯管理局不實行外債事前審批，企業改為事前簽約備案，金融機構改為事後備案，原有管理模式下的跨境融資未到期餘額，納入9號文管理。中國人民銀行、國家外匯管理局實行的本外幣境外融資等區域性跨境融資創新試點，自2017年5月4日起統一按9號文模式管理。

2. 自 9 號文發布之日起，為外商投資企業、外資金融機構設置一年過渡期，過渡期內外商投資企業、外資金融機構可在現行跨境融資管理模式和 9 號文模式，下任選一種模式適用。

3. 過渡期結束後，外資金融機構自動適用 9 號文模式。外商投資企業跨境融資管理模式，由中國人民銀行、國家外匯管理局根據 9 號文總體實施情況，評估後確定。

【66】台資銀行中國大陸分行 適用全口徑外債政策解析

《中國人民銀行關於在全國範圍內實施全口徑跨境融資宏觀審慎管理的通知》（銀發〔2016〕132號）沒有明確外資銀行分行制銀行如何使用全口徑外債，但2017年新發布的《中國人民銀行關於全口徑跨境融資宏觀審慎管理有關事宜的通知》（銀發〔2017〕9號，下稱9號文），對分行適用全口徑外債政策進行了明確規定。

根據9號文的規定，外資銀行分行按運營資本（以最近一期經審計的財務報告為準）計算，最高可借用的外債額度為分行的運營資本×跨境融資槓桿率（分行為0.8）×宏觀審慎調節參數（目前設定為1），因此分行適用全口徑外債後的外債額度為分行運營資金的80%。一般情況下，分行的營運資本都不大，因此從額度來說，原分行審批制項下的外債額度會大於全口徑外債，但全口徑外債項下，以下外債可不占用外債額度：

1. 被動負債：企業和金融機構因境外機構投資境內債券市場產生的本外幣被動負債；境外主體存放在金融機構的本外幣存款；合格境外機構投資者（QFII）或人民幣合格境外機構投資者（RQFII），存放在金融機構的QFII、RQFII託管資金；境外機構存放在金融機構託管帳戶的境內發行人民幣債券所募集的資金。

2. 貿易信貸、貿易融資：企業涉及真實跨境貿易產生的貿易信貸（包括應付和預收），和從境外金融機構獲取的貿易融資；

金融機構因辦理基於真實跨境貿易結算產生的各類貿易融資。

3. 集團內部資金往來：企業主辦且經備案的集團內跨境資金集中管理業務項下產生的對外負債。

4. 境外同業存放、拆借、聯行及附屬機構往來：金融機構因境外同業存放、拆借、聯行及附屬機構往來產生的對外負債。

5. 自用熊貓債：即企業的境外母公司在中國大陸境內發行人民幣債券，並以放款形式用於境內子公司。

6. 轉讓與減免：企業和金融機構跨境融資轉增資本，或已獲得債務減免等情況下，相應金額不計入。

對分行來說，上述第4點，如取得母行或聯行支持，可借入的境外資金理論上可無限大；另全口徑外債項下可借入人民幣外債，來解決分行人民幣資金較為短缺的問題。

適用全口徑外債後，在審批制項下部分不占用外債的項目，在全口徑外債下會占用分行的外債額度：

1. 表外融資（或有負債）：金融機構向客戶提供的內保外貸按20%納入跨境融資風險加權餘額計算。

2. 金融機構因客戶基於真實跨境交易和資產負債幣種及期限風險對沖管理服務必需的衍生產品，而形成的對外或有負債，及因自身幣種及期限風險對沖管理必需，參與國際金融市場交易而產生的或有負債，按公允價值納入跨境融資風險加權餘額計算。

另須注意的是，審批制下的外債中，須占用外債額度的九十天以上遠期信用證、海外代付等，在全口徑外債項下仍須占用分行的外債額度。

【67】外債新政影響台資銀行分析

2017年1月13日印發的《中國人民銀行關於全口徑跨境融資宏觀審慎管理有關事宜的通知》（銀發〔2017〕9號，下稱9號文），對2016年132號文的全口徑外債政策進行了完善和修改，對台資銀行的資金調度及業務將造成較大影響。

一、台資銀行中國大陸分行適用全口徑外債政策

根據9號文的規定，自通知發布之日起，外資金融機構有一年的過渡期，在過渡期內，外資金融機構可在現行的審批制外債和全口徑外債政策中任選一種模式適用，過渡期結束後，自動適用全口徑外債政策。也就是說，最遲2018年，台資銀行中國大陸分行全部要適用全口徑外債政策。

1. 外債額度變化

根據9號文，台資銀行中國大陸分行適用全口徑外債政策後，其外債額度為營運資金乘以0.8。中國大陸分行營運資金一般都比較小，因此執行全口徑外債後，大部分中國大陸分行的外債額度都會有所減少。

其他方面，期限風險轉換因數仍為借款期限一年以上者，轉換因數為1，一年以下的借款因數為1.5，類別風險轉換因數不區分表內表外均為1，借用外幣的匯率風險折算因數則為0.5。

2. 可借入人民幣外債

目前的政策對銀行是否可借用人民幣外債一直比較模糊，9號文則明確指出金融機構可按規定自主開展本外幣跨境融

資,且經外匯局批准後,金融機構借用的外匯資金可結匯使用。在中國大陸分行人民幣資金較為緊張的情況下,可借用人民幣外債對分行業務將會大有幫助。

3. 內保外貸保函占用外債額度

與現行政策不同,對銀行向客戶提供的內保外貸保函,9號文規定須按開立金額的20%計入跨境融資風險加權餘額計算,占用保函開立銀行的外債額度。須注意的是,這裡的保函不區分是外幣還是人民幣,均須占用銀行的外債額度。

二、對台資銀行的影響

1. 中國大陸分行須重新規劃境外資金來源

按全口徑外債政策,中國大陸分行的外債額度會減少,但9號文同時規定美元NRA帳戶存款、境外同業存放、拆解、聯行及附屬機構往來,均不再占用外債額度。因此台資銀行中國大陸分行的跨境資金來源,須從目前以外債為主,變成以境外企業境內美元NRA帳戶存款及與境外同業存放、拆解為主,外債額度則留給開立內保外貸保函所需。

2. 企業外債業務

9號文將境內企業的外債額度,由原來淨資產的一倍增加至淨資產的二倍。一年內外資企業仍可在投註差外債及全口徑外債中擇一適用,一年後外資企業的外債政策將由人民銀行及外匯局再進行評估後確定。

雖可借用外債的企業數量大幅增加(不再僅限於外資企業),企業外債額度也有大幅增加,但境內企業借用外債最主要

的考量因素還是借款成本，而且由於人民幣兌美元的匯率波動原因，企業目前更願意借用人民幣資金。在台資銀行的人民幣資金成本高於境內銀行的情況下，台資銀行應該將境內企業的資金需求從直接借貸（比較借款成本）引導到境外貿易融資（比較借款成本及服務）上，這樣才會有更多籌畫空間。

【68】遠期結售匯政策解析

遠期結售匯，是指企業與銀行簽訂遠期結匯或售匯合約，約定將來辦理結匯或售匯的外匯幣種、金額、匯率和期限，在交割日外匯收入或支出發生時，按照該遠期結售匯合同訂明的幣種、金額、匯率，所辦理的結匯或售匯業務。對企業來說，通過遠期結售匯可鎖定匯率波動的風險。

根據外匯規定，企業以下資金需求可辦理遠期結售匯：

1. 經常項目：貿易及非貿易項下支出。

2. 資本項目：償還銀行自身的外匯貸款；償還經國家外匯管理局登記的境外借款；經外匯管理局登記的境外直接投資外匯收支；經外匯管理局登記的外商投資企業外匯資本金收入；經外匯管理局登記的境內機構境外上市的外匯收入；經國家外匯管理局批准的其他外匯收支。

遠期結售匯合約到期時，境內機構必須出具按結售匯管理要求的所有相關憑證，銀行審核境內機構提供的文件齊全且真實無誤，方可與境內機構辦理遠期合約履約手續；境內機構到期不能及時提供全部有效憑證者，遠期合約不得履行，境內機構承擔違約責任。

在遠期結售匯範圍上，涵蓋了支付貿易、非貿易項下支出，歸還境內銀行外匯貸款及外債等資本項下支出。遠期結售匯在合約簽訂時企業並沒有實際發生購售匯行為，企業也不須在合約簽訂時備好相應的人民幣資金或外幣資金，但提前鎖定了匯率波動

風險，因此遠期結售匯更適用於付款期較長的（如購買設備等）貿易支出及資本項下支出。

須注意的是，2015年8月發布的《中國人民銀行關於加強遠期售匯宏觀審慎管理的通知》（銀發〔2015〕273號）規定，從2015年10月15日起，開展代客遠期售匯業務的金融機構（含財務公司）應交存20%外匯風險準備金，並在每月15日前將風險準備金繳納至上海市外匯局，凍結期為一年，利率為零。2017年9月8日，央行下發《中國人民銀行關於調整外匯風險準備金政策的通知》（銀發〔2017〕207號），將境內金融機構代客遠期售匯業務所需提取的外匯風險準備金率調整為0%，自2017年9月11日起，外匯風險準備金率調整為零。2017年9月1日至10日發生的相關業務仍按照銀發〔2015〕273號文、銀辦發〔2015〕203號文及銀辦發〔2016〕143號文的規定，交存外匯風險準備金。

由於之前須收取風險準備金的時候，多數銀行會將這部分保證金轉嫁給企業承擔，變相提高了企業的遠期結售匯成本，本次207號文取消風險準備金，對有遠期結售匯業務需求的企業來說，可降低遠期結售匯成本。

遠期結售匯業務在合同簽訂時，並無真實的貿易背景支撐，對銀行來說最困難的是企業業務真實性的審核，在遠期結售匯合同履約時，必須要求企業提交交易真實性證明文件，對業務的真實性進行核實，避免外匯處罰風險。

【69】資本項下業務銀行審核重點
——前期費用帳戶（上）

目前企業大部分的資本項目外匯業務的審核，已經由外匯局下放到銀行，銀行在辦理資本業務外匯業務時，須嚴格按照展業原則，對企業資本項目外匯業務的真實性、合規性進行審核，避免外匯處罰風險。

根據外匯局的規定，外商對境內投資或境內企業對外投資的前期費用帳戶開立、前期費用款項匯入、匯出等，均已下放至銀行審核，在辦理此類業務中，銀行須注意事項如下：

一、外商對境內投資的前期費用帳戶

（一）開戶、入帳所需資料

1. 業務登記憑證。

2. 外匯局資本項目信息系統銀行端中列印的前期費用流入控制信息表。

（二）審核原則

1. 開戶、入帳

（1）帳戶原則上應以外國投資者名義開立（按規定先驗資後辦理工商登記的企業和金融機構，可憑工商行政管理部門出具的公司名稱預先核准通知書，或行業主管部門出具的相關證明，以境內相關主體名義開立）。銀行應根據前期費用流入控制信息表，為其辦理帳戶開立。

（2）外國投資者設立一家外商投資企業或外資金融機構，原
　　　則上僅可開立一個前期費用外匯帳戶；帳戶原則上應
　　　於擬設立外商投資企業或外資金融機構註冊地開立。

（3）帳戶收入範圍：外匯局資本項目信息系統登記金額內，
　　　外國投資者從境外匯入用於設立外商投資企業或外資
　　　金融機構的前期費用，以及用於驗資的資金。

（4）帳戶支出範圍：參照資本金結匯管理原則，在境內結匯
　　　使用、經真實性審核後的經常項目對外支付；原路匯
　　　回境外；劃入後續設立的外商投資企業外匯資本金帳
　　　戶；經外匯局（銀行）登記或外匯局核准的資本項目
　　　支出。

（5）帳戶內資金來源限於境外匯入（非居民存款帳戶、離岸
　　　帳戶視同境外），不得以現鈔存入。

（6）銀行應查詢外匯局資本項目信息系統前期費用流入控制
　　　信息表中的尚可流入金額，辦理入帳手續。

2. 帳戶資金使用管理

（1）結匯按照外匯局規定收取資料，在本次結匯時須提交上
　　　次結匯資金使用憑證（發票、合同）。外國投資者對
　　　上市公司戰略投資的前期費用，還須根據證監會批覆
　　　資料結匯。經常項目付匯按照經常項目真實性審核原
　　　則辦理。

（2）原幣劃轉須提交書面申請（申請中應準確表述資金劃出
　　　原因和用途、劃出和接收主體資訊、劃出和劃入行名
　　　稱及帳號資訊、劃出資金金額和幣種等重要資訊），

以及後續成立外商投資企業（或外資金融機構）的商務（或行業）主管部門批准設立的文件和批准證書。

（3）經常項目支出按照經常項目真實性審核要求收取資料；資本項目支出應提供經外匯局（銀行）登記或外匯局核准文件。

（4）帳戶內資金餘額可在成立外商投資企業或外資金融機構後，轉入其資本金帳戶。若未設立外商投資企業或外資金融機構，外國投資者應向銀行申請關閉該帳戶，帳戶內剩餘資金原路匯回境外。

（5）帳戶內資金不得用於質押貸款、發放委託貸款。

（三）其他要求

1. 銀行應在業務辦理後，及時通過外匯局資本項目信息系統報送有關資訊。

2. 前期費用外匯帳戶有效期為六個月（自開戶之日起）。如確有客觀原因，開戶主體可提交說明函向銀行申請延期，但最長不得超過十二個月。

【70】資本項下業務銀行審核重點
——前期費用帳戶（下）

（接上篇，本文主要說明境內企業境外投資的前期費用匯出）

二、境內企業境外投資的前期費用匯出

（一）前期費用匯出外匯登記

1. 外匯局所需資料

（1）《境外直接投資外匯登記業務申請表》。

（2）營業執照和組織機構代碼證。

（3）境內投資者關於前期費用累計匯出額超過300萬美元或超過中方投資總額15%的說明函。

外匯局收到全部資料後，按個案業務集體審議制度處理，二十個工作日內處理完畢。

前期費用累計匯出額，若超過300萬美元或超過中方投資總額15%，由註冊地外匯局辦理。

（二）銀行辦理境內企業境外投資前期費用支付

1. 審核資料

（1）《境外直接投資外匯登記業務申請表》。

（2）營業執照和組織機構代碼證。

（3）境內機構為其境外分支、代表機構等非獨立核算機構購買境外房產時，須提交以下資料：

　　（a）《境外直接投資外匯登記業務申請表》。

　　（b）境外設立分支、代表等非獨立核算機構的批准／

備案文件或註冊證明文件。

（c）境外購房合同或協議。

（d）其他真實性證明資料。

2. 審核原則

（1）境內機構（含境內企業、銀行及非銀行金融機構，下同）匯出境外的前期費用，累計匯出額原則上不超過300萬美元且不超過中方投資總額的15%。

（2）境內機構匯出境外的前期費用，可列入其境外直接投資總額。

（3）銀行通過外匯局資本項目信息系統為境內機構辦理前期費用登記手續後，境內機構憑業務登記憑證直接到銀行辦理後續資金購付匯手續。

（4）境內投資者在匯出前期費用之日起，六個月內仍未設立境外投資項目或購買境外房產者，應向註冊地外匯局報告其前期費用使用情況，並將剩餘資金退回。如確有客觀原因，開戶主體可提交說明函向原登記銀行申請延期，經銀行同意，六個月期限可適當延長，但最長不得超過十二個月。

（5）如確有客觀原因，前期費用累計匯出額超過300萬美元或超過中方投資總額15%，境內投資者須提交說明函至註冊地外匯局申請（外匯局按個案業務集體審議制度處理）辦理。

另須注意的是，對前期費用超過30萬美元者，根據外匯局的規定，境內投資企業須提交《境內直接投資基本信息登記業務申

請表》、工商行政管理部門出具的公司名稱預先核准通知書或行業主管部門出具的相關證明，及前期費用確需超過30萬美元的證明文件。超過30萬美元的前期費用，須外匯局集體審議處理，由擬設立外商投資企業所在地分局（外匯管理部）辦理，於二十個工作日內處理完畢。

　　中國大陸目前對境外投資審核較為嚴格，銀行在辦理此類業務時，不能僅進行書面文件的審核，還須根據展業原則，對客戶交易的真實性進行核實，避免外匯處罰風險。

【71】資本項下業務銀行審核重點 ——資本金帳戶（上）

外商投資企業完成前期設立工作後，須匯入企業的註冊資本金，目前外商投資企業的註冊資本金已經無須驗資，資本金帳戶的開立、資金匯出及資金使用程序如下。

一、資本金帳戶的開立及資本金匯入

（一）審核資料

1. 業務登記憑證。

2. 外匯局資本項目信息系統銀行端中列印的資本金流入控制信息表。

（二）帳戶開立規定

1. 帳戶應以外商投資企業名義開立。銀行應根據資本金流入控制信息表為其辦理帳戶開立。

2. 帳戶可在不同銀行開立多個；允許異地開戶。

3. 帳戶收入範圍：外國投資者匯入的外匯資本金或認繳出資（含非居民存款帳戶、離岸帳戶、境外個人境內外匯帳戶出資）；外國投資者通過境外匯入保證金專用帳戶匯入的外匯資本金和認繳出資；原由本帳戶劃出至境內劃入保證金專用帳戶、委託貸款帳戶、資金集中管理專戶、境外放款專用帳戶、保本型銀行理財專戶後劃回的資金；同名資本金帳戶劃入資金；因交易撤銷退回的資金，及經外匯局（銀行）登記或外匯局核准的其他收入（經常項目帳戶劃入、外債帳戶劃入資金等）。

4. 帳戶支出範圍：按規定在經營範圍內結匯使用；按規定在境內原幣劃轉（劃至境內劃入保證金專用帳戶、同名資本金帳戶、委託貸款帳戶、資金集中管理專戶、境外放款專用帳戶、保本型銀行理財專戶、境內再投資專用帳戶）；因外國投資者減資、撤資匯出的資金；經真實性審核後的經常項目對外支出；經外匯局（銀行）登記或外匯局核准的資本項目支出。

（三）資本金匯入

1. 銀行應查詢外匯局資本項目信息系統資本金流入控制信息表中的尚可流入金額，為企業辦理資金入帳手續。

2. 銀行應按資金來源（境外匯入或境內劃轉）並區分不同性質，進行國際收支申報。針對接收到的境內原幣劃轉資金，銀行應與開戶主體核對資金來源和用途是否與帳戶收入範圍相符，對於與收入範圍不符的資金應原路匯回。

3. 因匯率差異等特殊原因導致實際流入金額超出尚可流入金額時，累計超出金額原則上不得超過等值3萬美元。

4. 若投資人與繳款人不一致，且入帳資金未被其他相關部門認可出資，銀行應將匯入款原路匯回境外。如果該款項已經辦理境內直接投資貨幣出資入帳登記，應在辦理境內直接投資貨幣出資入帳登記撤銷手續後，方可辦理退款，並應按規定辦理國際收支申報。

5. 帳戶內資金不得以現鈔存入。

二、資本金帳戶的關閉

1. 企業因正常經營必須關戶時，銀行可根據企業申請為其辦理關戶手續。

2. 外商投資企業因轉內資註銷外匯登記時，可待資本金帳戶餘額使用完畢後關戶。

【72】資本項下業務銀行審核重點
##　──資本金帳戶（下）

上篇說明了資本金帳戶的開立、資本金入帳及資本金帳戶的關閉，本篇主要說明資本金的使用。

一、資本金結匯

根據《國家外匯管理局關於改革和規範資本項目結匯管理政策的通知》（匯發〔2016〕16號）的規定，外商投資企業的外匯資本金採取意願結匯政策，企業可根據境內機構的實際經營所需在銀行辦理結匯，意願結匯的比例可為100%，結匯所得人民幣資金須先進入企業的「結匯待支付」帳戶。企業在實際使用時，須提交真實性證明資料後方可使用，「結匯待支付帳戶」的收入、支出範圍規定如下：

1. 收入範圍

結匯待支付帳戶的收入範圍包括：由同名或開展境內股權投資企業的資本金帳戶、境內資產變現帳戶、境內再投資帳戶、外債專用帳戶、境外上市專用帳戶及符合規定的其他類型資本項目外匯帳戶結匯劃入的資金；由同名或開展境內股權投資企業的結匯待支付帳戶劃入的資金；由本帳戶合規劃出後劃回的資金；因交易撤銷退回的資金；符合規定的人民幣收入、帳戶利息收入，以及經外匯局（銀行）登記或外匯局核准的其他收入。

2. 支出範圍

結匯待支付帳戶的支出範圍包括：經營範圍內的支出；支付

境內股權投資資金和人民幣保證金；劃往資金集中管理專戶、同名結匯待支付帳戶；購付匯或直接對外償還外債、劃往還本付息專用帳戶；購付匯或直接匯往境外用於回購境外股份或境外上市其他支出；外國投資者減資、撤資資金購付匯或直接對外支付；為境外機構代扣代繳境內稅費；代境內國有股東將國有股減持收入劃轉社保基金；購付匯或直接對外支付經常項目支出，及經外匯局（銀行）登記或外匯局核准的其他資本項目支出。

結匯待支付帳戶內的人民幣資金，不得購匯劃回資本項目外匯帳戶。由結匯待支付帳戶劃出用於擔保或支付其他保證金的人民幣資金，除發生擔保履約或違約扣款，餘均須原路劃回結匯待支付帳戶。

二、資本金用途限制

境內機構的資本項目外匯收入及其結匯所得人民幣資金的使用，應當遵守以下規定：

1. 不得直接或間接用於企業經營範圍之外，或國家法律法規禁止的支出。

2. 除另有明確規定外，不得直接或間接用於證券投資或除銀行保本型產品之外的其他投資理財。

3. 不得用於向非關聯企業發放貸款，經營範圍明確許可的情形除外。

4. 不得用於建設、購買非自用房地產（房地產企業除外）。

三、資本金帳戶的原幣劃轉

（一）所需資料

1. 向同名資本金帳戶劃出時（更換開戶銀行業務適用）：

（1）書面申請（申請中應準確表述資金劃出原因和用途、劃
　　　出和接收主體資訊、劃出和劃入行名稱及帳號資訊、
　　　劃出資金金額和幣種等重要資訊）。

（2）《境內直接投資貨幣出資入帳登記申請表》。

2. 向境內劃入保證金專用帳戶（參與境內直接投資相關的競
標業務適用）、境內再投資專用帳戶（外商投資性公司境內外匯
對子公司出資或收購境內企業中方股權業務適用）、委託貸款帳
戶、資金集中管理專戶、境外放款專用帳戶、保本型銀行理財專
戶等劃出時：

（1）書面申請（申請中應準確表述資金劃出原因和用途、劃
　　　出和接收主體資訊、劃出和劃入行名稱及帳號資訊、
　　　劃出資金金額和幣種等重要資訊）。

（2）《境內直接投資貨幣出資入帳登記申請表》。

（3）證明該筆資金劃出用於相應用途的真實性證明資料。

（二）審核原則

1. 銀行應審核劃轉交易的真實性、合法性。

2. 銀行不得為未辦理境內直接投資貨幣出資入帳登記的資金
辦理劃轉手續。

3. 劃出行應於資金劃轉後，及時完成境內原幣劃轉的國際收
支申報，並於劃出後關注該筆資金劃轉結果；若劃轉錯誤，應待
資金退回後重新劃出，並同時按照規定調整國際收支申報資訊。

4.劃入行應於資金劃入時，確認劃入資金是否符合帳戶收入範圍，並與開戶主體核對該筆資金交易的劃出資訊，以確認交易準確性：對不符合帳戶收入範圍及境內劃轉規定，或經核實劃轉錯誤者，劃入行應將資金原路匯回。

【73】資本項下業務銀行審核重點——股權轉讓（上）

　　資本項下的股權轉讓，包括內資企業轉讓股份給境外投資者、境外投資者從境外匯入股權收購款項給內資企業股東、外資企業的境外股東轉讓股權給境內企業或個人、境內企業或個人匯出股權收購款給境外投資者。

一、境內股東轉讓股權給境外投資者

　　（一）境內股東開立資產變現帳戶

　　1.銀行所需審核資料

　　（1）業務登記憑證。

　　（2）外匯局資本項目信息系統銀行端中列印的股權轉讓流入控制信息表。

　　2.審核重點

　　（1）帳戶應以境內股權出讓方的名義開立。銀行應根據外匯局資本項目信息系統股權轉讓流入控制信息表，為其辦理帳戶開立。

　　（2）針對一筆股權轉讓交易（股權轉讓款的分次支付不做為多筆交易），股權出讓方僅可開立一個境內資產變現帳戶；允許異地開戶。

　　（3）帳戶收入範圍：外國投資者匯入的股權轉讓對價（含非居民存款帳戶、離岸帳戶、境外個人境內外匯帳戶出資）；外國投資者通過境外匯入保證金專用帳戶劃入的股權轉讓對價；原由本帳戶劃出至境內劃入保證金

專用帳戶、委託貸款帳戶、資金集中管理專戶、境外放款專用帳戶、保本型銀行理財專戶後劃回的資金；經外匯局（銀行）登記或核准的其他收入。

（4）帳戶支出範圍：按規定在經營範圍內結匯使用；按規定境內原幣劃轉（劃至境內劃入保證金專用帳戶、委託貸款帳戶、資金集中管理專戶、境外放款專用帳戶、保本型銀行理財專戶、境內再投資專用帳戶）、經真實性審核後的經常項目對外支出；及經外匯局（銀行）登記或外匯局核准的資本項目支出。

（二）資產變現帳戶的關閉

企業因正常經營必須關戶時，銀行可根據企業申請，為其辦理關戶手續。

（三）資本變現帳戶的入帳管理

1. 銀行應查詢股權轉讓流入控制信息表中的尚可流入金額，辦理入帳手續。

2. 銀行應按資金來源（境外匯入或境內劃轉）並區分不同性質，進行國際收支申報。針對接收到的境內原幣劃轉資金，銀行應與開戶主體核對資金來源和用途是否與帳戶收入範圍相符，對於與收入範圍不符的資金應原路匯回。

3. 因匯率差異等特殊原因導致實際流入金額超出尚可流入金額時，累計超出金額原則上不得超過等值3萬美元。

4. 帳戶內資金不得以現鈔存入。

（四）帳戶資金使用管理

1. 按規定在經營範圍內結匯、劃轉或對外支付。

2. 經常項目支出按照經常項目真實性審核原則辦理；資本項目支出須經外匯局（銀行）登記或外匯局核准。

（五）其他要求

銀行應於業務辦理後，及時通過外匯局資本項目信息系統報送有關資訊。

（六）外資銀行和非銀行金融機構（含保險公司），參照本操作指引辦理相關業務，另有規定的從其規定。

【74】資本項下業務銀行審核重點——股權轉讓（下）

上篇說明了境內股東轉讓股權給境外投資者、境外投資者匯入股權轉讓款給境內股東，本篇則要說明境外投資者轉讓境內公司股權給境內公司、境內股東匯出股權轉讓款給境外投資者。

二、境內股東匯出股權轉讓款

（一）審核資料

1. 業務登記憑證。境內公司辦理業務登記憑證時，須向外匯局提交如下資料：

（1）《外商直接投資外匯登記業務申請表》（加蓋公章和法人代表簽字）。

（2）有關主管部門關於股權轉讓的批准文件（有批准證書的須提交該證書，合夥企業提交工商行政管理部門出具的包括登記事項的基本資訊單）。

（3）房地產企業提供商務部備案證明。

（4）稅務部門出具的關於股權轉讓款支付的稅務證明。

2. 外匯局資本項目信息系統銀行端中列印的股權轉讓流出控制信息表。

3. 稅務備案表（金額在5萬美元及以下的無須提交）。

（二）審核原則

1. 銀行應審核股權受讓方本次對外支付的金額、交易對象、股權轉讓標的等資訊，是否與外匯局相關業務系統中的轉股登記信息表資訊一致，不一致者不得辦理資金匯出手續；銀行應依據

該信息表中的尚可匯出金額，區分不同匯出方式，辦理資金匯出；若外匯局於備註欄中進行備註，銀行應以備註內容為準。

2.銀行應於業務辦理當日，在外匯局相關業務系統中備案。

3.銀行應留存稅務證明原件，並在原件上註明匯出金額，加蓋業務印章；對於確需分次匯出者，在審核分次支付需求證明資料（如合同、協議等）經商務主管部門備案後，可於本次支付時將加註已匯出金額的稅務證明加蓋業務印章，影印留存，原件退還企業用於下次匯出；最後一筆資金匯出，銀行留存原件。

4.銀行應在業務辦理後，及時完成國際收支申報。

股權轉讓款的匯出，銀行須重點審核境內股權收購方是否已經按規定要求進行了稅務備案，其匯出的股權轉讓款是否已經是扣繳稅金後的餘額。另須注意，境外收款人帳戶與境外投資者名稱是否一致，與稅務備案表繳稅主體名稱是否一致等。

股權轉讓款，境外投資者可選擇收取外幣或人民幣，資金可直接匯入境外投資者開立在境外銀行的帳戶，或境外投資者在境內銀行開立的外幣NRA帳戶、人民幣NRA帳戶。

如股權轉讓涉及在中國大陸A股掛牌的上市公司股權，還須符合按證監會的有關規定，辦理相關的公告，並按照外匯局有關A股戰略投資者減持等的規定，進行股權轉讓款項匯出。

【75】資本項下業務銀行審核重點──境內再投資

外商投資企業的外方股東，可將其從設立的外資企業獲得的利潤、股權轉讓所得、清算、減資所得進行境內再投資。其作業流程如下。

一、境內再投資專用帳戶的開立及入帳

（一）帳戶開立銀行須審核的資料

1.業務登記憑證。

2.外匯局資本項目信息系統銀行端中列印的境內再投資流入控制信息表。

（二）審核要點

1.帳戶應以接收境內外匯再投資或股權轉讓對價外匯資金的主體名義開立。銀行應根據境內再投資流入控制信息表，為其辦理帳戶開立。

2.帳戶僅可開立一個，可以異地辦理開戶。

（三）帳戶收支範圍

1.帳戶收入範圍：外匯資本金帳戶、境內資產變現帳戶劃入的境內再投資資金；原由該帳戶劃出至境內劃入保證金專用帳戶、委託貸款帳戶、資金集中管理專戶、境外放款專用帳戶、保本型銀行理財專戶後劃回的資金；經外匯局（銀行）登記或核准的其他境內再投資外匯資金。

2.帳戶支出範圍：按規定在經營範圍內結匯使用；按規定境內原幣劃轉（劃至境內劃入保證金帳戶、委託貸款帳戶、資金集

中管理專戶、境外放款專用帳戶、保本型銀行理財專戶），經真實性審核後的經常項目對外支出；經外匯局（銀行）登記或外匯局核准的資本項目支出。

二、帳戶關閉

企業因正常經營必須關戶時，銀行可根據企業申請，為其辦理關戶手續。

三、入帳管理

1. 銀行應查詢境內再投資流入控制信息表中的尚可流入金額，辦理入帳手續。

2. 境內外匯再投資不得存在出資人和繳款人不一致情況。針對接收到的境內原幣劃轉資金，銀行應與開戶主體核對資金來源和用途是否與帳戶收入範圍相符，對於與收入範圍不符的資金應原路匯回。

3. 因匯率差異等特殊原因，導致實際流入金額超出尚可流入金額時，累計超出金額原則上不得超過等值3萬美元。

4. 帳戶內資金不得以現鈔存入。

四、帳戶資金使用管理

1. 此類帳戶資金無須辦理境內直接投資貨幣出資入帳登記。

2. 資金結匯時，按照境內直接投資所涉外匯帳戶內資金結匯原則辦理。

3. 境內劃出時，按照境內再投資專用帳戶資金原幣劃轉原則辦理。

4. 經常項目支出，按照經常項目真實性審核原則辦理；資本項目支出須經外匯局（銀行）登記或外匯局核准。

五、其他要求

銀行應在業務辦理後，及時通過外匯局資本項目信息系統報送有關資訊。

另根據《國家外匯管理局關於改革外商投資企業外匯資本金結匯管理方式的通知》（匯發〔2015〕19號）的規定：「除原幣劃轉股權投資款外，允許以投資為主要業務的外商投資企業（包括外商投資性公司、外商投資創業投資企業和外商投資股權投資企業），在其境內所投資項目真實、合規的前提下，按實際投資規模將外匯資本金直接結匯或將結匯待支付帳戶中的人民幣資金劃入被投資企業帳戶。」

【76】資本項下業務銀行審核重點
──境內個人特殊目的公司（上）

　　特殊目的公司，指的是境內居民法人或境內居民自然人以其持有的境內企業資產或權益，在境外進行股權融資（包括可轉換債融資）為目的，而直接設立或間接控制的境外企業。

一、對特殊目的公司出資，銀行須審核資料

　　（一）境內居民個人以境內外合法資產或權益（包括但不限於貨幣、有價證券、智慧財產權或技術、股權、債權等）向特殊目的公司出資時，應提交以下資料：

　　1.書面申請與《境內居民個人境外投資外匯登記表》（一式兩份）。

　　2.境內居民個人身分證明文件。

　　3.特殊目的公司登記註冊文件，及股東或實際控制人證明文件（如股東名冊、認繳人名冊等）。

　　4.境內外企業權力機構同意境外投融資的決議書（企業尚未設立時，提供權益所有人同意境外投融資的書面說明）。

　　5.境內居民個人直接或間接持有擬境外投融資之境內企業資產或權益，或者合法持有境外資產或權益的證明文件。

　　6.在前述資料不能充分說明交易的真實性或申請資料之間的一致性時，要求提供的補充資料。

　　（二）境內居民個人參與非上市特殊目的公司權益激勵計畫者，應提交以下資料：

1. 書面申請與《境內居民個人境外投資外匯登記表》（一式兩份）。

2. 已登記的特殊目的公司的境外投資外匯業務登記憑證。

3. 相關境內企業出具的個人與其僱傭或勞動關係證明資料。

4. 特殊目的公司或其實際控制人出具的，能夠證明所涉權益激勵真實性的證明資料。

5. 在前述資料不能充分說明交易的真實性或申請資料之間的一致性時，要求提供的補充資料。

境內居民個人以境內外合法資產或權益，已向特殊目的公司出資但未按規定辦理境外投資外匯登記者，還應提交說明函。

二、審核重點

1. 境內居民個人除持有中國大陸境內居民身分證、軍人身分證件、武裝員警身分證件的中國公民外，還包括雖無中國大陸境內合法身分證件，但因經濟利益關係在中國大陸境內習慣性居住的境外個人。其中，無中國大陸境內合法身分證件、但因經濟利益關係在中國大陸境內習慣性居住的境外個人，是指持護照的外國公民（包括無國籍人），以及持港澳居民來往內地通行證、台灣居民來往中國大陸通行證的港澳台同胞，具體包括：

（1）在境內擁有永久性居所，因境外旅遊、就學、就醫、工作、境外居留要求等原因而暫時離開永久居所，在上述原因消失後仍回到永久性居所的自然人。

（2）持有境內企業內資權益的自然人。

（3）持有境內企業原內資權益，後該權益雖變更為外資權益
　　　但仍為本人所最終持有的自然人。

　　境內居民個人在辦理境外投資外匯登記業務時，須憑合法身
分證件（居民身分證件或護照等）辦理，境外永久居留證明等不
能做為業務辦理依據。

　　對於持護照的外國公民（包括無國籍人），以及持港澳居民
來往內地通行證、台灣居民來往中國大陸通行證的港澳台同胞等
境外個人，在境內辦理境外投資外匯登記業務時，須審核相關真
實性證明資料（如境內購買的房產、內資權益等相關財產權利證
明文件等）。

　　對於同時持有境內合法身分證件和境外（含港澳台）合法身
分證件者，視同境外個人管理。對於境外個人以其境外資產或權
益向境外特殊目的公司出資者，不納入境內居民個人特殊目的公
司外匯（補）登記範圍。

【77】資本項下業務銀行審核重點 ——境內個人特殊目的公司（下）

（接上篇審核重點）

2. 境內居民個人辦理登記之前，可在境外先行設立特殊目的公司，但在登記完成之前，除支付（含境外支付）特殊目的公司註冊費用外，境內居民個人對該特殊目的公司不得發生其他出資（含境外出資）行為，否則按特殊目的公司外匯補登記處理。

3. 境內居民個人只能為直接設立或控制的（第一層）特殊目的公司辦理登記。

4. 境內居民個人以境內資產或權益向特殊目的公司出資時，應向境內企業資產或權益所在地銀行，申請辦理境內居民個人特殊目的公司外匯登記。如有多個境內企業資產或權益且所在地不一致時，境內居民應選擇其中一個主要資產或權益所在地銀行，集中辦理登記。境內居民個人以境外合法資產或權益出資時，應向戶籍所在地銀行申請辦理登記。

5. 對於境內居民個人以境內外合法資產或權益，已向特殊目的公司出資但未按規定辦理境外投資外匯登記者，在境內居民個人向相關外匯局出具說明函詳細說明理由後，相關外匯局按照個案業務集體審議制度審核辦理補登記。對於涉嫌違反外匯管理規定者，依法進行處理。

6. 銀行辦理境內居民個人特殊目的公司外匯登記時，應在《境內居民個人境外投資外匯登記表》上加蓋銀行業務專用章，留存一份備查，另一份返還給登記申請人。外匯局辦理境內居民

個人特殊目的公司外匯補登記時，應在《境內居民個人境外投資外匯登記表》上加蓋資本項目外匯業務專用章，留存一份備查，另一份返還給登記申請人。

7. 境內居民個人若參與境外上市公司股權激勵計畫，按相關外匯管理規定辦理。

三、特殊目的公司的外匯登記事項變更

已登記的特殊目的公司發生境內居民個人股東、名稱、經營期限等基本資訊變更，或發生境內居民個人增資、減資、股權轉讓或置換、合併或分立等重要事項變更時，須至外匯局辦理相應的變更登記。

（一）提交資料

1. 書面申請與新《境內居民個人境外投資外匯登記表》（一式兩份）。

2. 原《境內居民個人境外投資外匯登記表》。

3. 其他相關真實性證明資料。

（二）審核重點

1. 境內居民個人從已登記的特殊目的公司獲得資本變動收入，在特殊目的公司登記地銀行辦理外匯變更登記後，方可到銀行辦理後續境外資產變現帳戶開立、資金入帳等手續。

2. 銀行完成境內居民個人特殊目的公司外匯登記後，應在新《境內居民個人境外投資外匯登記表》上加蓋銀行業務專用章，留存一份備查，另一份返還登記申請人，同時收回原《境內居民個人境外投資外匯登記表》。

四、特殊目的公司的外匯登出登記

因轉股、破產、解散、清算、經營期滿、身分變更等原因，造成境內居民個人不再持有已登記的特殊目的公司權益時，或者不再屬於必須辦理特殊目的公司登記時，須提交如下資料至外匯局辦理登出登記：

1. 書面申請及相關真實性證明資料。

2. 原《境內居民個人境外投資外匯登記表》。

【78】資本項下業務銀行審核重點
──境外機構境內分公司、代表處、
　　個人境內房屋買賣

　　境外機構在境內設立的分公司、代表處及境外個人，於境內進行房屋買賣的款項匯出，外匯局進行了詳細的規定。

一、購買境內商品房結匯

　　（一）審核資料

　　1.境外機構設立的境內分支、代表機構，提供有效註冊登記證明；港澳居民提供《港澳居民往來內地通行證》，台灣居民提供《台灣居民來往大陸通行證》，華僑提供僑務部門出具的認定證明，其他境外個人提供護照等有效身分證明。

　　2.商品房銷售合同或預售合同。

　　3.房地產主管部門出具的該非居民於所在城市購房的商品房預售合同登記備案等相關證明（購買成屋及中古屋者，應提供房地產主管部門出具的相關產權登記證明資料）。

　　4.如委託他人辦理，應提供經公證的授權委託書及受託人的有效身分證明。

　　（二）審核重點

　　1.銀行應將非居民購買境內商品房的外匯資金結匯後，直接劃入房地產開發企業的人民幣帳戶或中古屋轉讓方的人民幣帳戶，不得為其辦理境內原幣劃轉。

2. 外匯按揭貸款購屋和外匯擔保人民幣貸款購屋後結匯履約還貸，按照《國家外匯管理局 建設部關於規範房地產市場外匯管理有關問題的通知》（匯發〔2006〕47號）的審核要求執行。

3. 境內代表機構經常項目帳戶資金不得結匯購買商品房。

4. 夫妻雙方共同購買境內商品房，其中一方為境內個人，另一方為境外個人、港澳台居民或華僑時，參照本規定辦理。

二、未購得房屋而退回的人民幣購房款購匯

（一）審核資料

1. 原結匯憑證。

2. 與房地產開發企業或中古屋出讓方解除商品房買賣合同的證明文件。

3. 房地產主管部門出具的取消購買商品房的證明。

4. 如委託他人辦理，應提供經公證的授權委託書及受託人的有效身分證明。

（二）審核重點

1. 結匯後退回者，人民幣購匯後應原路退回境外機構或個人外匯帳戶，或劃回原境內外匯帳戶（只適用於原購房款為從境內外匯帳戶結匯支付的情況）。

2. 允許購房款境內留存期間產生的合理利息，應一併匯出。

3. 銀行應在業務辦理後及時完成國際收支申報。

三、轉讓境內商品房所得資金購付匯

（一）審核資料

1. 身分證明文件或註冊登記證明。

2. 商品房轉讓合同及登記證明文件。

3. 《服務貿易等項目對外支付稅務備案表》（金額在5萬美元及以下的無須提交）或其他完稅證明資料。

4. 如委託其他人辦理，應提供經公證的授權委託書及受託人的有效身分證明。

（二）審核重點

1. 匯出金額不得超出商品房轉讓金額扣減本次轉讓所包括的稅費後的餘額。

2. 銀行應審核稅務證明中記載金額與申請匯出金額是否一致，申請匯出金額超出稅務證明記載金額者，不得辦理。

3. 辦理資金匯出時，轉讓商品房應已在房產主管部門辦理權屬轉移手續。

4. 銀行應在業務辦理後及時完成國際收支申報。

【79】台籍員工中國大陸境內薪資須進行外匯申報

台商在中國大陸境內發給台籍員工人民幣薪資，即使沒有匯出境外構成跨境業務，仍須在中國大陸的銀行進行「國際收支申報」。

實務中，台商在中國大陸境內發給台籍員工人民幣薪資時，在銀行端的作業上與中國大陸當地員工沒有任何差異，但最近因為反洗錢、CRS（編註：即共同申報準則，俗稱「全球版肥咖條款」）或是強化外匯管理等因素，已有中國大陸本地銀行要求台商在支付包含台籍在內的外籍員工薪資時，雖不是將資金匯往境外，也沒有產生跨境外匯行為，但依規定仍應進行「國際收支申報」。

其實上述這項要求並不是外匯上的新規定，凡是非居民通過中國大陸境內銀行進行收付，都必須進行國際收支統計的申報業務，或稱為「間接申報」，這同時也是中國大陸當地銀行的法定義務。

一、以國籍來判斷是否須申報

「國際收支申報」會先按照身分證、永久居留證、護照等有效證件的國籍，來判斷是否須進行申報。對持台胞證並在中國大陸居住一年以上的台籍人員，毫無疑問地在「國際收支申報」上視為中國大陸境內的非居民，自然銀行就有申報義務。

根據中國大陸國務院642號令《國際收支統計申報辦法》規定，境內非居民之間發生的收付款，須由境內居民進行國際收支統計申報，如果是公司支付工資甚至是報銷款到台籍人員個人帳

戶中，不管是外幣還是人民幣，都需要以公司做為申報主體進行
「國際支出申報」。

　　另一方面，《涉外收支交易分類與代碼（2014 版）相關申報
事宜答疑》中已明確指出，中國大陸雇主向在中國大陸境內工作
的外籍雇員支付工資時，無論該外籍雇員在中國大陸境內工作時
間長短，皆須申報在「321000-職工報酬」項下，當該外籍雇員將
其工資匯往境外，也不論是匯給自己在境外的帳戶，還是境外的
親屬或其他帳戶，皆須申報在「822030-境外存入款調出」項下，
可見這項申報的義務非常清楚，只是過去未嚴格執行罷了。

　　假設甲為境外母公司，向境內投資的子公司乙派遣工作人
員，薪酬由乙來支付，則視同到中國大陸工作的非居民員工與
境內公司間具有僱傭關係，境內公司向其支付的報酬須申報在
「321000-職工報酬」項下，並在交易附註中載明「非居民向境外
付款」；但如果上述甲、乙公司間沒有直接投資關係，則到中國
大陸境內工作的非居民與該境內公司間便不成立僱傭關係，乙公
司所支付的報酬視為服務支出，根據服務專項應申報在相對應編
碼項下。

二、申報資料跨部門統整

　　實務中，多數中國大陸本地銀行都是自行根據企業的發放工
資資料進行申報，也有少部分銀行在填好表格後，由企業蓋章確
認，以進行國際收支統計申報，過去很少有銀行要求企業提交相
關申報資料。但隨著外管局對銀行外匯業務的監管日趨嚴格，及
要求銀行提高國際收支申報資料的準確性，銀行出於自身風險管

控要求，日後肯定會不斷要求中國大陸的台資企業，提交更多詳細資料或自行申報台籍員工薪資相關資訊。

最後，從中國大陸稅務局剛剛上線的金稅Ⅲ系統，或是外管局的國際收支申報系統，以及銀行帳戶的分級管理等一連串申報規定來看，中國大陸官方對申報資料的跨部門統計、整合和分析，將是未來重中之重的工作，外管局的「國際收支申報」資料與稅務局的個人所得稅申報資料，也將會串連對比，確認外籍個人是否依法納稅，這些都是中國大陸台商及在中國大陸工作的台籍個人未來不得不面對的變化。

第三篇

自貿區

【80】自貿區企業經營模式解析——轉口貿易

保稅區內註冊企業，具有獨特的「境內關外」、「境內關內」的經營模式，相較於保稅區外企業，從事「轉口貿易」也具有先天性的優勢。

一、貨物不進入中國大陸境內

貨物不進入中國大陸境內的交易模式，一般是保稅區內企業從境外購入貨物，請供應商直接將貨物運送至客戶指定的收貨地，其特徵是沒有貨物進出口報關單，企業僅憑合同等進行收款、付款。銀行審核此類業務的真實性較為困難，只能通過合同、貨權憑證等進行交叉比對，比如合同中是否存在不符合常理的約定，合同約定的交易數量、金額是否與貨權憑證大致相符，運輸費用是否符合貨物的起運地、運抵地的運費標準等。另外須注意其交易結算方式是否符合商業常理。還可根據交易期間內人民幣對外幣的升值或貶值，來判斷交易做假的可能性，比如在人民幣升值時，一般都會是先收款後付款業務做假的可能性較大，在人民幣貶值時，則先付款後收款業務的造假可能性較大。

二、貨物進入中國大陸境內

貨物進入中國大陸境內的轉口貿易，一般是保稅區內企業從境外購入貨物，並運送至保稅區內的保稅倉庫，根據客戶要求進行分裝、貼標等簡單加工後，再銷售給境外客戶。

由於保稅倉庫具有「境內關外」的特徵，從境外進入保稅

倉庫的貨物，可無須繳納關稅及增值稅，但保稅區內企業須向境內海關進行「進口報關」，但不能取得「進口報關單」，只能取得「進境備案清單」，貨物再次轉運出口時，保稅區內企業須向海關進行「出口報關」，但不能取得「出口報關單」，取得的是「出境備案清單」。

相較於貨物不進入中國大陸境內的轉口貿易，貨物進入境內者，其真實性審核相對較為容易，銀行在辦理此類業務時，可請保稅區內企業提交「進境備案清單」、「出境備案清單」、交易合同、保稅倉庫提供的入庫、出庫清單等，來交叉勾稽進境、出境的數量、金額是否合理。

根據外匯局最新的規定，只有貨物貿易外匯分類為A類的企業，才可以從事轉口貿易，B類及C類企業均禁止進行轉口貿易業務。另根據《國家外匯管理局關於進一步促進貿易投資便利化完善真實性審核的通知》（匯發〔2016〕7號）的規定，銀行為企業辦理離岸轉手買賣收支業務時，應逐筆審核合同、發票、真實有效的運輸單據、提單倉單等貨權憑證，確保交易的真實性、合規性和合理性。同一筆離岸轉手買賣業務，應在同一家銀行網點採用同一幣種（外幣或人民幣）辦理收支結算。

保稅區內企業由於有「境內關外」的優勢，其業務模式可能較為多樣且複雜，比如其轉口貿易貨物可能來源於境內的出口加工區企業加工完成，或貨物銷售給出口加工區內企業。在實際業務中，銀行須了解清楚客戶的交易模式，並分析交易模式的合理性，根據交易模式要求客戶提供真實性資料進行核實，確保交易的真實性和合規性。

【81】保稅區企業經營模式解析──保稅進口

　　設立在保稅區的企業於進口貨物時，根據交易模式的不同，可分別扮演「境內關外」、「境內關內」的角色。

一、境內關外模式

　　此種貿易模式下，保稅區內企業從境外購入貨物並存放在保稅區的「保稅倉庫」內，取得海關出具的「進境備案清單」，無須繳納進口關稅及增值稅。當區外企業要購入貨物時，在「境內關外」的貿易模式下，進口主體為區外企業，由區外企業進行進口報關動作，取得「進口報關單」並繳納進口關稅、增值稅，區內企業開具帳單（invoice），不能開具增值稅專用發票。

　　此種交易模式下，如區外企業採取「進料加工」模式保稅進口貨物，則區外企業無須繳納進口關稅、增值稅，區內企業同樣開具invoice。

　　銀行在辦理此類業務的進口付匯業務時，區內企業憑「進境備案清單」或發票或合同進行支付，區外企業憑「進口報關單」、區內企業開具的invoice及合同進行支付，其貨款僅能支付給區內企業，不能支付給境外企業。

　　此種模式，還有一種是境外企業將貨物運送至保稅區，由保稅區內的物流、倉儲企業代收貨，其貨權屬於境外企業，保稅區外企業購買貨物時，由區外企業進口報關。在此模式下，區外企業在進口付匯時，可支付給境外企業，銀行除要求區外企業提交「進口報關單」等資料外，還可要求區外企業提交提單等貨權憑

證，證明其貨權屬於境外公司後，才可將貨款支付至境外。

二、境內關內模式

在「境內關內」貿易模式下，保稅區內企業從境外購入貨物並存放在「保稅倉庫」內，取得海關出具的「進境備案清單」，在區外企業必須購買貨物時，由區內企業進行進口報關，取得海關出具的「進口報關單」，繳納進口關稅及增值稅，區內企業開具增值稅專用發票給區外企業，區外企業可憑增值稅專用發票抵扣增值稅。

此種業務模式適用於大量進口、零散銷售，或貨物價值較高、進口關稅稅率較高的貨物。區內企業在進口後，無須先交納關稅、增值稅，待實際銷售時，再交納稅款，延遲了稅款的交納時間，可獲得資金的時間價值。

境內關內的業務模式下，區內區外企業間的交易為境內交易，因此只能由區內企業進行付匯，銀行在進行進口付匯時，可要求區內企業提交海關出具的「進境備案清單」來核實交易的真實性，如貨物已經銷售給區外企業，則可以請區內企業提交「進口報關單」。

上述交易模式中，「境內關外」模式僅適用於註冊在保稅區內的企業，「境內關內」模式也適用於註冊在保稅區外的企業，但其進口的貨物須存放在海關認可的「保稅倉庫」內。另目前綜合保稅區、保稅港區等海關監管區域內註冊的企業，也可適用「境內關外」交易模式。對保稅區企業的交易模式，銀行要證明其交易真實性及合規性，須從物流、資金流、票流等方面著手。

【82】保稅區企業經營模式解析
——出口退稅

保稅區內註冊的企業，在購買國內生產貨物並出口時，根據交易模式的不同，在出口退稅政策上存在差異。

一、區外企業享受出口退稅

（一）出口至保稅物流園區、出口加工區、綜合保稅區

須注意，區外企業將貨物出口至保稅物流園區、出口加工區、綜合保稅區，享受出口退稅政策，必須同時滿足以下條件：

1. 貨物須實際運送至特定的保稅物流園區、出口加工區、綜合保稅區，但部分保稅物流園區、出口加工區、綜合保稅區未經過核准，不具備貨物入區退稅的功能，實務中須詢問清楚。

2. 貨物的物權須轉移給保稅物流園區內企業或境外企業。

銀行在承接此類企業出口收匯時，須確認企業的交易流程，了解其交易目的。審核資料時可請企業提供合同或發票或出口報關單，若對客戶交易存在疑問，還可請客戶提供從倉庫發貨至保稅物流園區的運輸單據、保稅物流園區內的倉儲企業出具的倉單等。其貨款可從境外帳戶轉入，或從境外公司開立在境內銀行的NRA帳戶轉入。

（二）通過保稅區物流公司報關出口

保稅區外的出口企業銷售給境外客戶的出口貨物，若境外客戶將貨物存放在保稅區內的倉儲企業，離境時由倉儲企業辦理報關手續，則保稅區外的出口企業可憑貨物進入保稅區的出口貨物

報關單（出口退稅專用聯）、倉儲企業的出口備案清單及其他規定的憑證，向稅務機關申請辦理退稅。

銀行在審核此類業務時，如果須核實企業是否真實出口，除可要求企業提交「出口報關單」外，還可以請企業提交「出口備案清單」。

二、區內企業享受出口退稅

由於對非保稅區運往保稅區的貨物不予退（免）稅，區內企業享受出口退稅，須同時滿足以下條件：

1. 區外企業開具增值稅專用發票給區內企業。

2. 區內企業將貨物實際出口至境外。

在滿足上述兩項條件的基礎上，區內企業可按照貿易公司的「免退」政策享受出口退稅。

銀行在承接此類業務的收匯時須注意，如保稅區企業購入的為境內貨物，境內企業開具「增值稅專用發票」，則根據保稅區企業物流方式的不同，須分別提供「出口報關單」或「出境備案清單」來證實其交易的真實性。

還有一種情況，是區外企業將深加工結轉的貨物銷售給保稅區內企業，根據規定，深加工結轉貨物銷售時不能開具增值稅專用發票，保稅區內企業購入此類貨物出口後，由於未取得增值稅專用發票，因此不能享受出口退稅政策。

從上述分析來看，保稅區企業可享受出口退稅的交易模式有二種情況：區外企業為退稅主體時，貨物須實際進入特定監管區域或離境；區內企業為退稅主體時，貨物須實際離境。

　　另須注意，區外企業若為生產型企業，其退稅方式與區內貿易企業的退稅方式存在差異，須根據退稅率、企業增值稅進項稅額等情況，進行分析規劃。

【83】各種保稅區功能介紹

中國大陸保稅區有自由貿易區、保稅區、保稅物流園區、出口加工區及綜合保稅區等多種形式，這些保稅區既有共同點，也存在差異。

一、保稅區

保稅區是最早出現的形式，以上海外高橋保稅區為代表。註冊在保稅區的企業，可通過保稅區內的倉儲企業，從境外進口商品，存放在保稅倉庫，無須繳納進口關稅、增值稅，在貨物實際銷售給保稅區外企業時，再根據交易模式的不同，由保稅區內企業繳納進口關稅、增值稅或由區外企業繳納進口關稅、增值稅，或者由區外企業採取進料加工、來料加工的保稅方式進口。

保稅區企業從區外企業購入貨物並實際離境時，保稅區內企業可按貿易公司出口免退增值稅政策。保稅區內註冊企業一般均為貿易類，較少有生產型企業。

二、保稅物流園區

保稅物流園區與保稅區最大的差異是，區外企業生產完畢的貨物進入保稅物流園區即可適用出口「免抵退稅」政策，貨物僅須進入保稅物流園區，無須實際離境。

保稅物流園區內不能註冊生產型企業，只能註冊貿易公司、物流及倉儲類公司。

由於採取「深加工結轉」貿易模式的工廠將貨物再深加工

結轉給下游企業時，僅能免稅，並轉出進項稅，部分境內採購較多、進項稅較多的工廠會採取將貨物運入保稅物流園區，再由下游企業從保稅物流園區採取「進料加工」的貿易模式。這種貿易模式由於貨物須實際進入保稅物流園區，會增加物流成本，但工廠可獲得出口退稅，只要出口退稅金額大於增加的物流成本，對工廠就較為有利。

三、出口加工區及綜合保稅區

出口加工區註冊企業均為生產型企業，區內企業享受免稅政策，其從區外企業購入的貨物等，區外企業均可享受退稅政策；區內企業除支付水電費取得的進項稅可抵扣外，其他進項稅均不能退稅。區內企業的產品一般不能內銷，只能外銷。一般不能取得一般納稅人認定，不能開具增值稅發票。

綜合保稅區則是在出口加工區上疊加了保稅區、保稅物流園區的功能，比較典型的為昆山綜合保稅區。設立在綜合保稅區內的企業可進行保稅區、保稅物流園區的交易模式，區外企業進入綜合保稅區的貨物可享受出口退稅。

四、自由貿易區

自由貿易區一般都是在保稅區基礎上進行升級，代表為上海自由貿易試驗區，目前境內主要有天津、廣東、福州等十幾個自貿區。各自貿區的側重點各有不同，比如上海自貿區主要是金融政策的實驗，如FT帳戶、資金池等，廣東自貿區主要是與香港、澳門地區的聯合發展，福建自貿區則著重進一步深化兩岸經濟合作。

　　各保稅區功能各異，註冊在區內的企業可採取多種不同的交易模式，情況較為複雜，且有些貿易模式的真實性核實與區外企業差異較大，銀行在承接這些業務時，須根據不同的交易模式，要求客戶提供不同的資料，以證明交易的真實性及合規性。

第四篇

綜合

【84】國務院反洗錢、反恐怖融資、反逃稅 監管體制機制的意見解析

　　2017年9月13日，中國大陸國務院辦公廳發布了《國務院辦公廳關於完善反洗錢、反恐怖融資、反逃稅監管體制機制的意見》（國辦函〔2017〕84號，下簡稱84號文），對完善反洗錢工作部際聯席會議制度，建立國家洗錢和恐怖融資風險評估機制，加緊反洗錢行政主管部門、稅務機關與監察機關、偵查機關、行政執法機關、金融監管部門間的協調合作與資訊共用，探索建立特定非金融機構反洗錢監管制度，發揮會計師、律師等專業服務機構積極作用，強化反洗錢義務機構主動防控風險意識和能力，拓寬反洗錢監測分析資料資訊來源，完善跨境異常資金監控機制，嚴懲洗錢等違法犯罪活動，深化雙邊和多邊國際合作，加強自律組織管理，提升社會公眾反洗錢、反恐怖融資和反逃稅意識等，提出了二十餘項具體措施。

　　84號文要求，到2020年，須初步形成適應社會主義市場經濟要求、適合中國大陸國情、符合國際標準的「三反」法律法規體系，建立職責清晰、權責對等、配合有力的「三反」監管協調合作機制，有效防控洗錢、恐怖融資和逃稅風險。

　　對於反逃稅，84號文提到須有效整合稽查資源，嚴厲打擊涉稅違法犯罪；建立健全隨機抽查制度和案源管理制度，增強稽查質效；推行風險管理導向下的定向稽查模式，增強稽查的精準性和震懾力；防範和打擊稅基侵蝕及利潤轉移。在全國範圍內開展跨部門、跨區域專項打擊行動，聯合查處一批騙取出口退稅和

虛開增值稅專用發票的重大案件，摧毀一批職業化犯罪團夥和網路，嚴懲一批違法犯罪企業和人員，挽回國家稅款損失，有效遏制騙取出口退稅和虛開增值稅專用發票違法犯罪活動高發多發勢頭，維護國家稅收秩序和稅收安全。

建立打擊關稅違法犯罪活動合作機制。加強反洗錢行政主管部門與海關緝私部門的協作配合，合力打擊偷逃關稅違法犯罪活動。反洗錢行政主管部門要與海關緝私部門聯合開展有關偷逃關稅非法資金流動特徵模型的研究，提升對偷逃關稅違法犯罪資金線索的監測分析能力，及時向海關緝私部門通報；會同國務院銀行業監督管理機構積極協助海關緝私部門打擊偷逃關稅違法犯罪活動資金交易，擴大打擊偷逃關稅違法犯罪活動成果，形成打擊合力。海關緝私部門要及時將工作中發現的洗錢活動線索通報反洗錢行政主管部門及相關有權機關，積極協助反洗錢行政主管部門及相關有權機關開展工作。

後續隨著反逃稅監管體制的建立、金稅三期工程的完善、全球CRS的逐步實施，通過跨境隱藏利潤的風險將大幅增加，境外免稅公司的作用也將會大幅下降。

【85】房產限售對銀行業務的風險分析

　　自2016年3月25日上海、深圳、武漢、南京四地同日發布樓市調控措施，拉開了此次全國性房地產調控的序幕。目前已經有超過五十五個城市發布了各種調控措施，合計達一百六十多次。房價調控措施，主要集中在以下方面。

一、提高頭期款比例

　　很多城市都採取了提高頭期款比例來控制房價，比如上海的購房頭期款比例採取的是認房又認貸政策，首套房申請商業性個人住房貸款者，頭期款比例不低於35%。已在上海擁有一套住房，或在上海無住房但有住房貸款紀錄（包括商業性或公積金住房貸款紀錄）的居民家庭，申請商業性個人住房貸款以購買普通自住房者，頭期款比例不低於50%；購買非普通自住房者，頭期款比例不低於70%。而深圳則規定首套房頭期款比例為30%，二套房頭期款政策與上海一致。

　　提高購房的頭期款比例，使購房者無法通過高槓桿（銀行貸款）來轉嫁風險給銀行，降低了銀行的個人房貸風險。

二、限購

　　北京、上海、深圳的限購政策，都是採取擁有本市戶籍者可購買兩套住房，非本市戶籍者只可以購買一套住房，且還須滿足在本市未擁有住房且連續五年（含）以上在本市繳納社會保險或個人所得稅的非本市戶籍居民家庭，限購一套住房（含新建商品

住房和中古屋）；擁有一套及以上本市住房的非本市戶籍居民家庭，暫停在本市購房。

之前北京、上海等地通過「假離婚」規避限售政策的方式，在新的限售政策下也已經不可行。

須注意的是，北京對「法拍房」（法院強制執行的房產）也採取限購政策，規定「法拍房」的購買者也須符合限購政策。上海及深圳則沒有限制，由於對「法拍房」不限購，存在政策漏洞，後續上海及深圳是否會執行該政策，目前未知。對銀行來說，如果拿了「法拍房」限購城市的房產當做抵押品，則存在執行該房產時購買者數量有限，導致成交困難的可能。

三、限售

限售是本次房產調控出現的新政策。所謂的限售政策，就是在房產過戶的一定年數內，該房產不能進行交易。

目前發布限售政策的城市有三十多個，其中福州、廈門、青島、廣州、東莞等，均規定取得產證二年內不能交易；珠海、惠州則為三年；杭州則對企業購買的限購區域住房，規定在取得產證後的三年內不能交易。保定由於雄安新區的原因，部分地區五年內不能交易，雄安之前有一個地塊則被十年限售。目前北京、上海、深圳尚未有限售政策發布。

　　從表面來看，台資銀行中國大陸分行由於業務範圍限制，一般不做個人房貸業務，中國大陸的房產調控政策對業務影響較小，但台資銀行中國大陸分行的很多貸款，都是以貸款人在中國大陸持有的不動產做為擔保，一方面須注意不動產的價格波動，另一方面對獲得的不動產須注意是否屬於限售房產。

【86】汶萊公司遷冊風險分析

不管是投資中國大陸的控股架構，還是用於資金調度的銀行帳戶，台商針對此次汶萊關閉境外公司事件，都應提早進行風險控管。

因為擋不住國際間反避稅（CRS）及反洗錢的壓力，汶萊金融管理局於2016年12月22日正式宣布將停用國際商業公司（IBCs，也就是通稱的境外公司），至2017年12月24日，所有核發過的汶萊境外公司證照都將失效。

雖然汶萊官方給了設立汶萊境外公司的使用者兩條路走，一是申請解散（Wind-up），其次是遷冊（Migration），也就是類似遷移註冊地址，將原先的汶萊境外公司變更註冊國至其他國家，例如BVI、薩摩亞、安圭拉、塞席爾等地，只要遷入國同意即可，但香港及新加坡已表示不接受這種遷冊行為，加上上海不同區的商委，或是昆山、蘇州、深圳等地的外經貿主管機關，對類似遷冊的合法性抱持不同意見，台商如果堅持採用遷冊解決汶萊公司到期失效的問題，有可能在日後衍生以下風險。

一、稅務風險

其實接不接受汶萊公司遷冊行為的關鍵部門不是各地商委，也不是工商局，而是各地稅務局，一旦稅務局不承認遷冊，而把遷冊視同為股權轉讓，那麼按中國大陸稅法就必須交稅。

二、銀行帳戶風險

原本用汶萊境外公司在台灣的銀行開立OBU帳戶，或是香港等地銀行開立的境外帳戶，甚至是中國大陸的銀行開立的NRA帳戶，一旦將汶萊公司變更註冊國為其他BVI等境外公司，上述地區銀行的電腦系統接不接受也是個問題，這將會為台商帶來資金調度安全性的風險。

三、交易結構中的業務風險

台商多用三角貿易模式進行海外接單，如果是用汶萊公司與海外客戶簽約，甚至取得供應商編碼（vender code），一旦把汶萊公司變更為其他註冊地的境外公司後，要怎麼向海外客戶說明？證明其法律主體的延續性一致，並要求客戶已核發的供應商編碼繼續有效，也會是件很棘手的事。

四、上市審批風險

對已送件申請上市或正準備送件的台商來說，萬一上市架構中有汶萊公司，遷冊的動作也會讓審批機關左右為難。最標準的做法，是由汶萊當地律師先出具遷冊依汶萊法律屬於合法的法律意見書，再由遷入國律師一樣出具遷入合法的法律意見書，證明汶萊的法律主體資格獲得延續。但不同審批機關一定會有不同看法，由於上市涉及大眾股東權益，審批機關肯定會用最嚴格的尺度進行把關。

正如上面所分析，汶萊公司遷址到其他境外公司國家，主體資格到底是不是獲得延續，關鍵不在汶萊或遷入國，而在類似中國大陸官方或銀行等，這些過去被動接受境外公司的協力廠商態度。台商之所以對此須保持高度關注的原因，是因為過去二十多年，台商設立了數十萬家註冊在各地的境外公司，而汶萊絕不是最後一家主動宣布廢止核發境外公司證照的國家，因此在反避稅、反洗錢，再加上反恐也成為國際主流趨勢下，未來這些境外公司所在國如果要繼續過去核發境外公司的業務，必將承受極大壓力。因此，台商不管是投資中國大陸的控股架構，還是用於資金調度的銀行帳戶，都應該提早進行風險控管的準備。

【87】台資銀行中國大陸銀監近期監管重點

2017年3月29日，銀監會辦公廳發布《關於開展銀行業「違法、違規、違章」行為專項治理工作的通知》（銀監辦發〔2017〕45號，下稱45號文），同時還發布了《關於開展銀行業「監管套利、空轉套利、關聯套利」專項治理的通知》（銀監辦發〔2017〕46號，下稱46號文）、《關於開展銀行業「不當創新、不當交易、不當激勵、不當收費」專項治理工作的通知》（銀監辦發〔2017〕53號文，下稱53號文），要求銀行先自查，銀監再檢查，最後整改問責。

其中45號文是針對銀行業三違反——違反金融法律、違反監管規則、違反內部規章——的行為。

一、三套利

46號文所針對的三套利行為，主要是指：

（一）監管套利

主要檢查範圍如下：

1. 違反宏觀調控政策套利，例如信貸資金是否借道建築業或其他行業，投向房地產和「兩高一剩」（編註：兩高指高汙染、高能耗的資源性行業，一剩指產能過剩行業）行業領域；銀行是否存在通過同業業務和理財業務或拆分為小額貸款等方式，向房地產和「兩高一剩」等行業領域提供融資等行為。

2. 違反風險管理政策套利：是否有放鬆風險管理或授信條

件，以形式審查代替實質審查，為不符合條件的客戶辦理授信業務等行為。

3. 利用不正當競爭套利：是否依據虛假的合同、增值稅發票、銀行進帳單、他項權證以及審計報告等辦理授信業務；對不符合固定資產貸款標準的企業和項目，改為發放流動資金貸款等行為。

4. 增加企業融資成本套利：是否強制設定條款，或協商約定將部分貸款轉為存款；是否以存款做為審批和發放貸款的前提條件。

（二）空轉套利

主要是指信貸「空轉」、票據「空轉」、理財「空轉」、同業「空轉」等行為。

（三）關聯套利

主要是違規向關聯方授信、轉移資產或提供其他服務，違反或規避關聯授信集中度控制等行為。

二、銀行自查，銀監檢查

銀行自查、銀監檢查的業務範圍，是2016年年末有餘額的各類業務，必要時可以上溯或下延。時間上要求銀行須在6月12日前將自查報告（文字及附表）報送監管部門，11月30日前銀行要全面完成自查、上查下以及監管檢查發現問題的整改和問責工作，並形成報告（文字及附表）報送監管部門。對有違規的銀行，視情況採取責令暫停業務、停止批准開辦新業務、停止批准增設分支機構、責令調整董事及高層等審慎監管措施。

　　53號文是針對四不當（不當創新、不當交易、不當激勵、不當收費）行為，檢查範圍主要集中在銀行同業業務、理財業務、信託業務。

　　就台資銀行中國大陸分行目前的業務來看，須特別注意45、46號文的相關規定，尤其是46號文中列舉的三套利行為。另須注意的是，由於銀監清查三違反、三套利、四不當業務，造成資金緊張，同業間的資金拆借利率也大幅上升，對主要以同業拆借解決人民幣資金的中國大陸分行來說，資金成本會大幅增加。

【88】內保外貸新政下台資銀行業務重點

　　《跨境擔保外匯管理規定》（匯發〔2014〕29號）的發布，大幅放寬了銀行、企業跨境擔保融資的條件。但期間出現惡意履約、通過內保外貸套利套匯、繞過境內外匯管制的情況，外匯局對銀行承做的內保外貸業務進行嚴格查核，對企業的跨境擔保業務備案要求提高，並對內保外貸政策進行了微調。

一、內保外貸政策變化

　　1. 全口徑外債下，內保外貸占用銀行外債額度

　　《中國人民銀行關於全口徑跨境融資宏觀審慎管理有關事宜的通知》（銀發〔2017〕9號）：

　　（一）表外融資（或有負債）：金融機構向客戶提供的內保外貸按20%納入跨境融資風險加權餘額計算。

　　內保外貸業務從最早的單獨占用銀行對外擔保額度，到29號文的完全放開，再到9號文須按開證金額的20%占用銀行外債額度，變化較大。

　　2. 允許內保外貸資金回流境內使用

　　《國家外匯管理局關於進一步推進外匯管理改革完善真實合規性審核的通知》（匯發〔2017〕3號）：

（二）允許內保外貸項下資金調回境內使用。債務人可通過向境內進行放貸、股權投資等方式將擔保項下資金直接或間接調回境內使用。銀行發生內保外貸擔保履約的，相關結售匯納入銀行自身結售匯管理。

二、新政下的業務重點

由於一方面內保外貸業務須占用銀行外債額度，另一方面外匯局嚴查內保外貸業務，造成銀行監管風險較大，建議從以下方面來進行內保外貸業務。

1. 利用內保外貸承做貿易項下融資業務

部分台商在台灣的公司規模較小，可提供的擔保物也較少，融資能力不足，而境內公司由於須擴大生產，需要投入大量資金，也無法將盈利匯出。這類企業完全可將境內資產抵押給台資銀行境內分行，由境內分行開立Standby L/C，擔保台灣的公司在台灣的分行取得借款，用於採購原料等。另還可通過內保外貸方式，跨境無追索權地轉讓債權，支付母子公司間採購款等模式，來進行貿易項下的融資業務。

貿易項下融資業務由於有真實的交易行為，相對於境外企業直接借款的內保外貸業務，風險較小。

2. 承做內保外貸資金回流境內業務

境內台商有境內投資需求，但礙於一方面可能資金較為緊張，無法用分配利潤的方式來進行境內投資，另一方面利潤分配

須繳納10%的所得稅。如果境內台企利用內保外貸，用境內台企境內資產擔保，在境外取得借款，用於在境內新設、入股、收購股權等方式回流至境內使用，便可解決資金需求問題。

　　內保外貸資金，不論是以投資還是借貸方式回流至境內使用，均須按外匯局規定開立專戶，並由境內銀行對其用途進行審核後，才能進行支付。此帳戶在境內開立Standby L/C的分行開戶，境內分行完全掌握其內保外貸資金用途，有利於降低內保外貸資金用途不明的外匯監管風險。

【89】台商不同經營模式下資金需求解析（上）

台商在中國大陸的經營模式，有兩頭在外型（採購、銷售均在境外）、一頭在外（境外採購或境外銷售），或兩頭均在內，另還涉及不同的貿易方式（深加工結轉等），在不同的經營模式下，其資金需求及外匯管理也不盡相同。

一、兩頭在外型企業

兩頭在外型的台資企業，由於其主要採購、銷售均在境外進行，大多數採購及銷售對象均為註冊在免稅地的關聯方或母公司。

一般情況下，這類台商收付幣種均為美元，其人民幣需求主要是支付境內次要原料、包裝物料、水電費及員工工資，因此其人民幣資金需求不高。企業融資需求主要集中在美元，且由於這種交易模式的企業收到的貨款也為美元，對人民幣與美元的匯率波動的關注主要集中在結匯上。

此類台商，其融資方式一般都是直接從母公司借入外債，或由其境外母公司進行擔保，從台灣的銀行借入外債，較少在境內融資。但境內企業在支付外債利息時，須按支付利息金額繳納大致16.5%的稅款，因此其境外融資的成本優勢並不明顯。

如其母公司或關聯公司因境外擔保品不足，無法融資時，則可採取用境內公司不動產抵押給台資銀行境內分行及台灣的分行，通過境內外聯合授信的方式，境內外公司共用授信額度，根據台商境內外資金需求，境內外分行分別在授信額度內進行撥

款，撥款幣種也可按照台商不同的需求進行選擇。此融資模式一方面台商的融資成本比較低，另一方面如境內外公司任一方出現違約情況，可宣布境內外債權同時到期，降低銀行融資風險。

另外，如果境內台商的銷售對象為其台灣母公司或其他關聯公司，境內台商還可以採取將其對母公司的應收帳款轉讓給台資銀行境內分行，取得融資，台資銀行境內分行再將該筆應收帳款無追索權地轉讓給台灣的聯行，台灣的聯行支付轉讓款給境內分行，母公司在應收帳款到期時直接將款項支付給台灣的聯行。根據外匯規定，境內銀行無追索權地轉讓債權給境外銀行，無須占用境內銀行的外債額度。

二、一頭在外型企業

（一）境內採購境外銷售

境內採購境外銷售的台商，貨款收入為美元，貨款支出一般為人民幣。此類客戶，由於有美元收入，無美元支出，匯率風險主要在結匯環節，因此一般可採取從境外借入美元外債方式融資。這類台商不建議在境內借用借款利率相對較高的人民幣。

另根據《國家外匯管理局關於進一步推進外匯管理改革完善真實合規性審核的通知》（匯發〔2017〕3號，下稱3號文）的規定，目前境內銀行的外匯貸款結匯為人民幣，從出口押匯環節放寬到具有貨物貿易出口背景的境內外匯貸款即可辦理結匯，但其還貸資金只能來源於出口的美元收入，不能購匯償還。此規定公布前，境內採購境外銷售的台商只能在境內分行借入人民幣來支付採購款，3號文公布後，台商可融入借款利率較低的美元，有利於降低融資成本。

【90】台商不同經營模式下資金需求解析（中）

（接上篇）

台商如可取得出口信用證，還可將出口信用證在境內分行押匯，取得外幣貸款結匯後用於原物料採購，或者境內分行開立國內信用證用於國內採購由於國內信用證可約定付款條款，相較於直接流動資金貸款，可降低銀行授信風險。

此經營模式還有另一種情況，即台商境內採購的原物料為深加工結轉貨物，此時其境內採購支付的貨款也為美元。這種模式下，與兩頭在外的台商情況一致。

（二）境外採購境內銷售

境外採購、境內銷售的台商，支付的採購款為美元，收到的貨款為人民幣，此類客戶由於無外匯收入，在購匯階段對匯率波動較為敏感，如其採用從境外借入外債或境內分行借美元的方式融資，須考慮匯率波動風險。

在人民幣貶值時，此種經營模式的台商會有提前購匯，鎖定匯率風險的需求。根據外匯規定，貨物貿易及服務貿易項下可提前購匯。銀行在承做提前購匯業務時，須注意：

1. 如屬於貨到付款的提前購匯，提前購匯金額須與實際進口金額或實際須支付的金額大致相符，可請客戶提供提前購匯的進口報關單、合同、發票等，核實所須支付的金額及支付日期。

2. 為確保其提前購匯資金用於貿易及服務貿易付匯，提前購匯所得外幣資金須停留在同一家分行內，不能同名劃轉至其他銀行。

3. 如屬於預付帳款的提前購匯，建議提前購匯日期不超過實際付匯日的前五個工作日，並須購銷合同中有約定預付條款，條款約定的預付金額與購匯金額須一致。

4. 提前購匯的外幣，如後續發生合同不履行、商品品質存在爭議等無須支付情況時，台商可選擇繼續持有，或將外幣再結匯為人民幣。這種情況下，銀行須審核台商不付匯的原因，確認交易的真實性，避免出現客戶利用提前購匯套匯套利的情況。

5. 銀行須注意，如提前購匯無真實的貨物貿易或服務貿易背景，不能按提前購匯處理，須按遠期購匯的外匯管理規定，在全口徑外債項下，按遠期購匯金額的20%占用境內分行的外債額度。

匯票一般期限較長，如境內台商缺資金，用銀行承兌匯票貼現後取得人民幣再購匯為美元支付的方式，融資成本較高。台商可採取將銀行承兌匯票直接抵押給境外分行，擔保母公司或管理公司在境外直接取得美元借款支付採購款的模式，來降低融資成本，此模式屬於「內保外貸」，境內的台商須按外匯局的規定進行內保外貸登記。

註冊在保稅區的台商，在境外採購境內銷售的交易中，如境內銷售採用的是保稅交易，由境內購買貨物的客戶自行報關，則收到的貨款也可能為美元，這種模式的台商，其資金需求則與境外採購、境外銷售的台商一致，對人民幣資金的需求較小。

【91】台商不同經營模式下資金需求解析（下）

（接上篇）

（三）境內採購、境內銷售

境內採購、境內銷售的台商，其貨款的收付一般均為人民幣，對這類台商來說，從境外借入外幣外債，均須結匯使用，歸還外債時須用人民幣購匯償還，須注意匯率波動帶來的風險。

兩頭在內的台商，由於沒有跨境貿易交易，境外融資方式僅限於外債，無法使用貿易項下融資方式。對這類企業來說，一般只能在境內銀行取得人民幣借款，用於日常運營及資本支出。

（四）台商的其他資金需求

1. 境內股權投資

如台商想用境內企業盈利或自有資金，對境內其他企業進行股權投資、增資或購買股權等，須首先確定投資公司是選擇境內公司還是境外公司。

（1）選擇境內公司為投資公司

如採取融資方式，境內對併購貸款的限制較多，因此如選擇境內主體進行投資，建議以自由資金進行。須注意的是，非投資性公司的註冊資本及外債，均不能用於投資。

（2）選擇境外公司為投資公司

如選擇境外公司來進行投資，則須境內企業以利潤分配的方式將利潤分配給境外公司，再由境外公司投資給境內被投資公司。這種模式下，資金可不用匯出境

外，但仍須繳納10%的利潤分配所得稅。根據最新的外匯規定，內保外貸資金已經可以以股權或債權方式回流至境內使用，如境內公司資金較為緊張，無資金可用於投資，也可採取用境內不動產或其他資產擔保境外公司，在境外銀行取得借款，再用借款對境內企業進行股權投資。另外，如果股東想延遲繳納利潤分配所得稅，在境內公司有資金的情況下，也可採用內保外貸方式，用自有資金進行擔保，在境外借款用於投資。內保外貸資金回流至境內的業務，對境內擔保銀行來說，由於可掌握其資金流，相對風險較小。

2. 境外股權投資

目前境內主管機關對境內企業境外投資審核較為嚴格，實務中除一定須由境內企業為投資主體的情況，完全可由境內企業匯出利潤給境外公司，在境外用於投資。

有部分台商為活化境內資產，考慮用境內不動產抵押給境內分行，由境內分行開立Standby L/C擔保境外公司借款用於投資，對此類業務，銀行須按最新的對外投資規定，審核其境外投資項目是「鼓勵類」、「限制類」或「禁止類」，避免客戶用「內保外貸」方式繞過境內投資限制性規定。另還須對其境外公司償還能力進行評估，避免發生惡意履約情形。

台商在中國大陸境內的經營模式多種多樣，相對來說境內採購、境內銷售的經營模式融資方法較少，其他經營模式有跨境貿易，可通過貿易融資降低融資成本。台商在不同階段也會有不同的資金需求及考量。

【92】台灣《金融機構執行共同申報及盡職審查 作業辦法》實施重點

　　台灣立法院於今（2017）年5月通過《稅捐稽徵法》第五條之一、第四十六條之一修正草案，提供台灣執行共同申報標準（Common Reporting Standard，簡稱CRS）進行資訊交換的法源依據，並授權財政部訂定相關作業辦法。財政部於11月16日公布《金融機構執行共同申報及盡職審查作業辦法》（俗稱台版肥咖條款，簡稱「作業辦法」），明確訂出台灣參與CRS的時程表及盡職審查方式，茲將重點說明如下。

一、金融帳戶資訊交換概念

　　CRS是經濟合作暨發展組織（OECD）為促進參與地區或國家進行資訊交換所制訂出的共同標準，原則上均是將非當地納稅居民所開立的金融帳戶資訊，利用資訊交換平台遞交給帳戶持有人的稅務管轄地區或國家。目前全世界已經有超過一百個地區或國家參與CRS，並陸續於2017年9月及2018年9月進行第一次交換，台灣預計2020年進行第一次交換。

二、優先資訊交換地區或國家

　　台灣財政部基於互惠原則，將優先和已與台灣簽署租稅協定的國家洽談資訊交換，目前已簽署國家包含印尼、日本、新加坡、馬來西亞、越南等三十二國，目前已針對部分國家發出信函，詢問是否願意循雙邊協定與台灣進行資訊交換，而中國大

陸、香港及澳門並不在《稅捐稽徵法》第五條之一的授權範圍，故無法透過作業辦法進行資訊交換，未來尚須透過兩岸租稅協議或其他方式洽談資訊交換相關事宜。

三、交換時程及盡職審查內容

台灣預計於2019年實施共同申報準則（CRS），金融機構須依據作業辦法進行帳戶審查，若該帳戶持有人為資訊交換國家之居住者，或被該國居住者所控制之紙上公司持有，該帳戶將被視為應申報帳戶，金融機構須於2020年6月1日至6月30日進行首次申報，擬於同年進行首次資訊交換。

未來在2019年以後新開立的個人或實體帳戶，均須提交自我證明文件，自我證明是帳戶持有人就其稅務居民身分所做出的一份正式聲明，而對於2018年底前已開立的既有帳戶，則依據餘額或價值高低進行不同的盡職審查程序，其中特別規定在審查個人高資產帳戶時，金融機構經理客戶關係之人若知悉帳戶持有人為應申報國居住者，業務人員則須依據實際情況該將帳戶視為應申報帳戶。既有帳戶審查內容匯總請見右頁表。

四、影響

根據《稅捐稽徵法》第四十六條之一規定，金融機構需要依據作業辦法對金融帳戶進行盡職審查，若金融機構未依規定進行審查或帳戶持有人未配合提供相關資料，台灣財政部可對金融機構或帳戶持有人處以罰鍰，所以可預期金融機構將會嚴格落實盡職審查，帳戶持有人並需要配合相關工作，未來將增加維持金融帳戶的成本及時間。

　　另外，台灣將優先和已簽署租稅協定的國家洽談資訊交換，其中包含與台灣經貿往來較為密切的東南亞各國。過去台灣國稅局難以掌握個人於境外的資金情況，未來將可透過資訊交換取得海外帳戶資訊，需要注意該帳戶資金來源是否為台灣所得稅法的課徵範圍，過去是否按照稅法規定於台灣申報納稅，且台灣於2016年7月通過反避稅條款，未來可透過CRS進一步落實受控外國公司（CFC）及實際管理處所（PEM）的查核，故可預見未來的租稅規劃空間將隨著資訊透明度提高而降低，合理繳稅才是租稅規劃的最佳途徑，以免增加個人或公司的租稅風險。

既有帳戶類別		2018.12.31 帳戶餘額 或價值	盡職審查程序	完成審查 程序之日
個人帳戶	低資產	低於100萬美元	審查居住地址或搜尋電子紀錄	2020.12.31
	高資產	大於100萬美元	搜尋紙本及電子紀錄，並綜合金融機構經理客戶關係之人所知悉情形	2019.12.31
實體帳戶	小額	低於25萬美元	無須審查	無
	高額	大於25萬美元	檢視審查金融機構保存之資訊或其他資訊	2020.12.31 完成

第五篇

財稅

【93】跨境融資納稅分析

隨著中國大陸外匯政策的放寬，境內外跨境交易的金融產品越來越多，其中部分跨境融資產品根據《企業所得稅法》的相關規定，境外金融機構須在境內申報繳納稅款。

一、外債利息

境外企業從境外銀行借入外債，在支付利息時，須由境內企業代扣代繳增值稅、企業所得稅及教育費附加等附加稅費，其中增值稅稅率為6%，企業所得稅稅率為10%，附加稅費為增值稅稅額的5%左右（各地有差異），因此支付外債利息的合計稅率約為利息所得的16.5%。

台資銀行中國大陸分行從境外母行或境外聯行借入的外債，根據《財政部國家稅務總局關於金融機構同業往來等增值稅政策的補充通知》（財稅〔2016〕70號）的規定，免於徵收增值稅。

二、海外代付

海外代付，是指境內銀行通過境外分行，為境內客戶提供貿易項下的短期融資便利和支付服務，境內行承擔於約定日期向境外分行償還融資本息並支付相關費用。

1. 增值稅

根據《財政部國家稅務總局關於全面推開營業稅改徵增值稅試點的通知》（財稅〔2016〕36號，下稱36號文）及《財政部國家稅務總局關於金融機構同業往來等增值稅政策的補充通知》

（財稅〔2016〕70號）的規定，境內銀行與其境外的總機構、母公司之間，以及境內銀行與其境外的分支機構、全資子公司之間，海外代付的利息收入免於徵收增值稅，但同業代付中收取的手續費須繳納增值稅。

2. 企業所得稅

根據《國家稅務總局關於境內機構向我國銀行的境外分行支付利息扣繳企業所得稅有關問題的公告》（國家稅務總局公告2015年第47號，下稱47號文）的規定，境內分行對中國大陸銀行在境外設立的不具備所在國家（地區）法人資格的分行支付的利息，免於繳納企業所得稅。但台資銀行中國大陸分行支付給境外聯行的利息，不屬於47號文規定的免繳增值稅情形，須由中國大陸分行代扣代繳企業所得稅。

三、境外擔保費用及其他費用

支付境外擔保費用及其他費用，須由境內支付企業代扣代繳增值稅，且根據36號文的規定，此類費用境內企業不能抵扣進項稅額。

根據《國家稅務總局關於非居民企業所得稅管理若干問題的公告》（2011年第24號）第二條，非居民企業取得來源於中國大陸境內的擔保費，應按照企業所得稅法對利息所得規定的稅率，計算繳納企業所得稅。上述來源於中國大陸境內的擔保費，是指中國大陸境內企業、機構或個人，在借貸、買賣、貨物運輸、加工承攬、租賃、工程承包等經濟活動中，接受非居民企業提供的

擔保所支付或負擔的擔保費或相同性質的費用。因此，境內企業須代扣代繳企業所得稅。

　　跨境業務相對比較複雜，銀行須根據財稅〔2016〕36號文的要求，對免稅業務分別核算，並對相關業務進行梳理，對跨境的免稅業務須根據《關於發布〈營業稅改徵增值稅跨境應稅行為增值稅免稅管理辦法（試行）〉的公告》（國家稅務總局公告2016年第29號）的相關規定，進行免稅備案。

【94】37號文放寬台商從中國大陸取得的 股息、紅利、資產所得納稅時間限制

2017年10月27日發布的《關於非居民企業所得稅源泉扣繳有關問題的公告》（國家稅務總局公告2017年第37號，下稱37號文），對境外企業就來源於中國大陸的所得繳納所得稅的規定，進行了調整。

一、股息、紅利、資產轉讓所得納稅時間點延後

國家稅務總局2011年第24號公告規定，中國大陸企業向境外非居民股東分配股息、紅利，應在做出利潤分配決定的當天，代扣代繳所得稅，並在七日內向主管稅務機關申報和解繳稅款。實務中，企業往往先做利潤分配的股東會決議，帳上做利潤分配的會計處理，在資金充裕時才會實際匯出股利款，在股利實際支付時代扣代繳境外股東的所得稅。

根據2009年698號文規定，股權轉讓須在合同、協議約定的股權轉讓之日起七日內，申報繳納所得稅。主管稅務機關根據以上規定，從利潤分配／股權轉讓股東會決議日第八日起，至實際繳納稅款之日止，計算每日萬分之五的稅款滯納金。實際支付日越延後，滯納金越多，甚至產生一筆巨額支出。

根據最新的37號文，中國大陸企業向境外股東支付股息、紅利、股權轉讓款，在實際支付時，才必須代扣代繳境外股東的所得稅，其中股息、紅利自公告發布之日起，即可按支付日繳納所得稅。例如，企業在2016年6月30日帳面分配利潤，在2017年9月

30日才實際匯出，並在匯出時才申報代扣代繳所得稅，會被稅務機關徵收2016年7月至2017年9月的稅收滯納金，但如果企業是在2017年6月30日帳面分配利潤，至今未支付股利款，待實際對外支付時代扣代繳所得稅，將不再產生滯納金。

股息、紅利、資產轉讓所得納稅時間點的延後，對台商來說，可獲得納稅資金的時間價值。

二、財產轉讓收入和淨值統一按支付日匯率人民幣計價

37號文規定，財產轉讓收入和財產淨值以外幣計價者，都按照實際支付款項當日的人民幣中間價折算為人民幣。財產淨值是37號文提出的一個新概念，即投資成本，為初次投資時實際支付的款項或受讓成本。

被37號文取代的698號文規定，股權轉讓收入和成本都要轉換成首次出資的幣種，如果有多次不同幣種投資，要按每次投入資本當天匯率，統一成首次投資幣種。比如2015年台商第一次投入100萬美元（對人民幣匯率6.1），2016年2月第二次投入150萬歐元（對美元匯率1.09，對人民幣匯率7.15），合計持股45%；2017年8月出售30%股權，作價1,500萬人民幣（對美元匯率0.1515）。則投資成本150萬歐元、股轉收入1,500萬人民幣都要按當時匯率，分別折算成163.50萬美元和227.25萬美元；股轉應稅收入為227.25－（100＋163.50）÷45%×30%＝51.58萬美元，須繳納所得稅5.16萬美元，根據2009年3號文規定，須按實際繳納當天（假設美元對人民幣匯率為6.6）的人民幣中間價，折算成人民幣金額34萬元。

　　按37號文，如果是2017年12月1日出售30%股權並收取股權轉讓款1,500萬人民幣，美元對人民幣匯率仍為6.6，歐元對人民幣匯率為7.8，30%股權投資成本為（100×6.6＋150×7.8）÷45%×30% = 1,220萬人民幣，須繳納所得稅28萬人民幣，相較於698號文的規定，少繳納企業所得稅6萬元。

　　簡言之，37號文前，不同出資幣種匯率鎖定首次出資幣種，其匯率波動未計入財產轉讓所得；新規定則財產轉讓收入和成本都按支付當日匯率計算，不同出資幣種匯率波動會影響所得稅，計算上也更加簡潔明瞭。

【95】海關、稅務局、外匯局將實現資訊共用

　　根據中國大陸國務院《落實「三互」推進大通關建設改革方案》的要求，2017年4月28日，海關總署、稅務總局、外匯局共同簽署了《關於實施資訊共用開展聯合監管的合作機制框架協議》及《關於推進資訊共用實施聯合監管合作備忘錄》。

　　海關總署與國家稅務總局資訊共用的內容包括：海關向稅務提供有關報關單電子資料和涉及企業退稅相關資料；稅務向海關提供有關企業資料和數據；雙方可通過聯繫配合機制，協商補充提供附件所列之外資料供個案協查；雙方繼續就增值稅抵扣電子資料傳輸、轉移定價資訊交換、進出境運輸工具資訊傳輸等各自關注的問題，保持協調溝通。

　　海關總署與國家外匯管理局資訊共用主要內容為：海關定期向外匯局提供已結關進出口報關單數據，以及有關企業管理資訊等電子資料；外匯局定期向海關提供進出口企業的外匯收支資料，及有關企業或個人管理資訊等電子資料；雙方通過此合作機制，研究落實個案協查。

　　三部門實現資訊共用後，會對台商目前的經營模式造成極大影響。

一、增加貨物貿易關聯交易移轉利潤、資金風險

　　台商進出口貨物，海關關注進出口貨物價格是否通過低報逃漏關稅，外匯局監管企業是否會通過虛假交易，或低報或者高報價格轉移資金套利套匯，稅務則會關注是否存在移轉定價，轉移

利潤及騙取出口退稅問題。

三部門互相交換資料後，稅務局、外管局可通過海關資料了解公司貨物進出口數量、同一國際商品統一分類代碼（HS Code）下商品在其他企業的進出口報關價格，並比對企業的貨物報關價格，判斷公司是否存在移轉定價或轉移資金問題。海關可通過外匯收付匯資訊，了解企業進出口報關的資金收付匯情況，核實企業是否存在異常進出口行為，還可利用稅務部門提供的企業關聯企業情況，了解企業的進出口貨物是否屬於關聯交易，在進出口貨物進行審價時進行參考。

2017年4月4日外匯局發布《國家外匯管理局關於便利銀行開展貿易單證審核有關工作的通知》（匯發〔2017〕9號），要求銀行在支付單筆10萬美元以上的貨款時，必須通過「報關資訊核驗」模組，對相應進口報關電子資訊辦理核驗手續。這樣企業就無法通過虛構合同、發票進行虛假的貨物貿易付匯。

二、增加支付特許權使用費、勞務費風險

由於支付特許權使用費、勞務費僅須承擔10.5%左右的稅務成本，相較於25%的企業所得稅低了15%，因此支付特許權使用費是台商用得比較多的轉移利潤方式，目前支付單筆5萬美金以上特許權使用費，憑合同、發票、稅務備案表等至銀行支付，單筆5萬美元以下的支付，稅務備案表也無須提供。從稅務來說，單筆5萬美元以上的支付還可憑稅務備案表，要求境內企業代扣代繳支付特許權使用費相應的稅款；5萬美元以下的支付，全憑企業自行申報。另外，稅務也無法知曉企業當年已經對外支付的特

許權費用累計金額，只能通過事後查帳等方式來確認企業特許權
使用費的交易真實性，是否存在轉移利潤的情況。

　　通過與外匯局共用資訊，稅務局就可及時掌握企業支付特許
權使用費及稅款的代扣代繳情況，變原來的事後監管為事前、事
中監管。

【96】關聯交易查稅最新規定

　　2017年5月1日生效的6號文，將再次加大台商因關聯交易移轉定價（TP）被查稅的風險，特別要注意6號文較2015年16號文新增規定的影響。

　　中國大陸國稅局為提升關聯交易移轉定價（TP）的查稅力度，2017年5月1日起執行該年3月剛公布的6號文《特別納稅調查調整及相互協商程序管理辦法》，除了對2009年的2號文《特別納稅調整實施辦法（試行）》，明確定義出稅務機關調查關聯交易的程序和方法外，還進一步規範特別納稅調整的相互協商流程與相關工作內容。

一、6號文對比2009年2號文新增內容

　　1.稅務局可針對「非居民」企業實施特別納稅調整。

　　稅務局對「非居民」企業實施特別納稅調查並已立案者，可委託該「非居民」企業的境內關聯方，或與該調查有關的境內企業，向「非居民」企業送達《稅務檢查通知書（一）》。

　　2.在交易分析中增加了金融資產轉讓、無形資產使用權和所有權轉讓、資金融通及勞務關聯交易等內容。

　　6號文強調，無形資產的收益分配，應與關聯交易各方對無形資產價值的貢獻程度相匹配，如果企業僅擁有無形資產法律上的所有權，而未對該無形資產價值做出貢獻，便不應參與該無形資產收益的分配。

對於關聯勞務交易，6號文首次提出「受益性」勞務交易觀念，符合獨立交易原則的關聯勞務交易可以是「受益性」勞務交易，但應按非關聯方在相同或類似情形下，營業常規和公平成交價格範圍中進行定價，並明確規定對於企業向關聯方支付的「非受益」性勞務價款，稅務機關可按已稅前扣除的金額，全額實施特別納稅調整。

3.6號文提出了還原「隱匿交易」和「抵消交易」觀念。

企業與關聯方之間存在隱匿關聯交易，間接導致國家稅收減少，或企業與其關聯方之間抵消關聯交易，直接或間接導致國家稅收減少者，稅務機關可通過還原交易，實施特別納稅調整。

舉例來說，關聯方之間的無償資金拆借，或境內公司為境外關聯方無償提供服務而未收取相對應價值的報酬，即使從帳面看沒有費用支付往來紀錄，但因該交易被隱匿，稅務機關仍可通過功能風險訪談、財務資料分析等技術手段，認定該筆隱匿交易真實存在，並直接進行納稅調整。

二、支付境外關聯方費用的變化

6號文生效後，2015年的16號文《國家稅務總局關於企業向境外關聯方支付費用有關企業所得稅問題的公告》將廢止，變化較大的是，原16號所規定，企業向未履行功能、承擔風險、無實質性經營活動的境外關聯方支付費用，在計算企業應納稅額前，該所得額不得稅前扣除，未來台商在向境外關聯方支付各種費用前，都必須特別注意。

　　除此之外，本次6號文對支付關聯方費用特別要求，只有「不符合獨立交易原則」的交易，才須全額實施納稅調整，也就是說，支付境外關聯方費用，只要符合獨立交易原則就能稅前扣除。

　　可以預見，此次6號文將再加大台商因關聯交易移轉定價而被查稅的風險，台商須重新設計三角貿易中的「訂單、物、錢、發票」交易結構，明確關聯方各自的定位和分工，才能有效降低未來被查稅所衍生出的問題。

【97】金稅三期拉高，台商涉風險

　　金稅工程，是中國大陸稅收管理資訊系統工程的總稱，經歷了二十餘年的發展，目前已經更新到第三期，並實現了全國稅收徵管與服務的統一規範。簡單來說，金稅三期是全國統一的稅收徵管及稅務系統軟體。與1994年上線的金稅一期、2001年上線的二期不同的是，金稅三期應用內容覆蓋了除增值稅以外的所有稅種，包括企業所得稅、個人所得稅、房產稅等。此外，金稅三期還將通過與其他部門的聯網，整合稅務、工商、海關、銀行、社保、公安、房管等部門涉及納稅人的各種資訊，自動對巨量資料進行篩選、比對、分析，並設置預警指標，監控納稅人是否存在偷漏稅等行為。

一、通過關聯交易隱藏利潤

　　很多台商都通過關聯交易，將利潤隱藏在註冊於境外免稅地的關聯公司，之前稅務只能從企業的毛利率、淨利率等，分析企業是否存在關聯交易轉移利潤的問題，對此類關聯交易的查核比較被動，但金稅三期可以讓稅務部門獲取比如工廠的用電量（供電部門）、運費（運費發票抵扣金額）、員工人數（社保部門）等資訊，綜合分析企業的實際運營情況，使原本較為被動的關聯交易查核變為主動。

二、支付境外關聯方特許權使用費

　　很多台商都有支付境外關聯方商標使用權、專利權、智慧財

產權等使用費。向境外關聯方支付上述費用時，除須注意交易的真實性及交易價格的合理性外，還須注意該項特許權使用費是否與企業的進口貨物有關，如與進口貨物有關，須在貨物進口時申報在進口貨物價格中，繳納關稅。海關可通過金稅三期系統提供的相關特許權使用支付資訊等，判斷企業在支付特許權使用費時是否有存在漏交關稅的行為。

三、個人所得稅

稅務局還可通過金稅三期系統聯網台籍個人出入境紀錄，掌握台籍個人在中國大陸居住的準確天數，利用銀行開戶、存款等資訊，綜合判斷台籍個人在中國大陸的個人所得稅繳納情況。

稅務局還可通過金稅三期系統設定各行業的預警稅負率，通過企業與同業的稅負率動態資料進行比對，若稅負率偏低，系統會自動預警，那麼稅務機關將關注於企業是否存在移轉定價、帳外收入或者多列費用的情況；再如，企業預收帳款占比過大，帳齡較長，系統也會產生預警，稅務機關則會關注企業是否為真實交易、是否有未及時確認的銷售收入等；類似此類的預警指標，在稅務後台系統多達二百多項。

金稅三期系統的上線，增加了台商避稅、偷漏稅的風險，而原外商投資企業專有的收優惠也都已經取消；另一方面，隨著CRS的實施，設立在境外免稅地的公司，也會失去防火牆作用。台商須轉變原先靠稅收優惠、避稅等獲取利潤的方式，轉變為靠資本市場、跨境交易等優勢來獲取利潤。

【98】反避稅新規正式在中國大陸實施

2017年5月19日，中國大陸國稅總局、財政部、人民銀行、銀監會、證監會、保監會聯合發布14號文《非居民金融帳戶涉稅資訊盡職調查管理辦法》，正式宣布金融帳戶涉稅資訊自動交換標準（AEOI）在中國大陸實施。從2014年經濟合作暨發展組織（OECD）發布AEOI以來，截止2017年5月，已有一百個國家和地區加入。2015年中國大陸政府承諾實施AEOI，並簽署了《金融帳戶涉稅資訊自動交換多邊主管當局間協定》，而14號文的簽署，完成了AEOI在中國大陸的立法程序。

與2016年發布的徵求意見稿相較，本次發布的14號文，雖然實施日期推遲半年至2017年7月1日開始，但金融機構完成金融帳戶盡職調查的時間表不變：

個人帳戶：高淨值個人，2017年12月31日前；低淨值個人，2018年12月31日前。

機構帳戶：2018年12月31日前，若帳戶餘額不超過25萬美元，無須盡職調查。

高淨值個人，是指截至2017年6月30日，個人在同一金融機構金融帳戶餘額合計超過100萬美元，與OECD的要求一致，與徵求意見稿相較，帳戶餘額截止日從2016年12月31日推遲到2017年6月30日。

與2016年的徵求意見稿相較，14號文的內容只是細微調整。結合徵求意見稿發布後台商們提出的一些疑慮，提醒注意以下重點：

1.「100萬美元」、「25萬美元」都是指帳戶餘額合計金額。帳戶則是指同一金融機構體系內所有相關帳戶，不同金融機構的帳戶不用疊加。比如，台灣A先生在中國大陸銀行和建設銀行分別開立帳戶，這兩家銀行的帳戶餘額不須合計。

2. 2018年以後，不論帳戶餘額大小，個人所有帳戶都會被列入核查範圍。

3. 個人透過中國大陸公司持有的金融帳戶：台灣A先生在中國大陸設立甲公司，若甲公司的股息、利息、租金、權利金等非積極經營收入占比超過50%，甲公司可能被認定為「消極非金融機構」，而被納入核查範圍，A先生做為甲公司的控制人，也要提交個人資訊。

4. 透過「人頭」開立的帳戶：判斷是否非居民帳戶，不僅僅是看帳戶持有人的身分情況，還要看對帳單寄送地址、聯絡人、帳戶指令實際操作人等。客戶經理知道或者應當知道其所屬機構內多個帳戶由同一人直接或間接持有，須加總所有帳戶餘額。

5. 稅收居民身分的確認：個人必須向銀行提交一份個人稅收居民身分聲明文件，自行聲明是否為中國大陸的居民納稅人，銀行對其合理性進行審查。在中國大陸居住滿一年的（單次離境不超過三十天，或多次離境累積不超過九十天），即為中國大陸的稅收居民。許多長期在中國大陸居住的台灣個人，都已經符合大陸居民納稅人的定義，但同時還是台灣的居民納稅人，「帳戶持有人同時構成中國稅收居民和其他國家（地區）稅收居民的」也必須納入核查範圍。

6. 納入核查的資產範圍：金融資產帳戶資訊，才是各國稅局交換資訊的對象，包括銀行、證券、期貨、保險、信託帳戶。實物資產，如房產、黃金、珠寶等，則不在信息交換範圍內。

7. 雖然金融機構並不搜集帳戶的所有交易額，但對存款帳戶必須搜集當年利息收入總額。

目前已有一百個國家和地區承諾實施AEOI，那些尚未承諾的國家，也無法成為逃避AEOI的天堂，國際社會可能採取聯合反制措施，促使他們承諾實施，這是國際反避稅的大勢所趨。

通過開立OBU帳戶來隱藏海外收入的時代已經過去，稅收環境透明化的應對措施只有一條，就是依法納稅。

【99】58號文影響台資銀行中國大陸貼現納稅成本

2017年7月11日，中國大陸國家稅務總局發布《關於建築服務等營改增試點政策的通知》（財稅〔2017〕58號，下稱58號文），規定自2018年1月1日起，金融機構從事票據貼現、轉貼現業務，以其實際持有票據期間取得的利息收入，做為貸款服務銷售額計算繳納增值稅。過渡期間，貼現機構已就貼現利息全額繳納增值稅的票據，轉貼現機構轉貼現利息收入繼續免徵增值稅。

金融機構從事貼現業務，屬於「貸款服務」，應徵收6%增值稅，「營改增」前，票據貼現屬於「其他金融服務」，須徵收5%營業稅。但金融機構間開展的轉貼現業務，在營改增前後，都被定義為金融機構往來，免徵營業稅或增值稅。

企業將一張商業匯票拿到銀行貼現，銀行向企業收取票據貼現日與到期日這段時間的利息，並全額繳納營業稅。貼現銀行再將這張票據拿到其他銀行轉貼現，如果下家承做銀行就其收取的轉貼現利息繳納營業稅，則出現同一筆借款資金同一借款時段產生的同一筆利息，貼現銀行和轉貼現銀行重複徵收營業稅的情況，而營業稅沒有抵扣政策，所以對轉貼現承做銀行的轉貼現利息收入免徵營業稅，是避免重複徵稅的合理做法。

2016年「營改增」後，轉貼現業務延續營業稅的免稅政策，這種做法雖然避免了重複徵稅，但沒有解決稅收的公平性，沒有充分體現出增值稅避免重複徵稅的優點。貼現銀行和轉貼現銀行分享貼現日與到期日之間利息收入，但所有的增值稅由貼現銀行承擔，轉貼現銀行則享受「金融同業往來利息收入」免稅的優

惠，看似合理，但稅負並不公平。58號文採取的貼現、轉貼現銀行按實際持有票據期間取得利息收入繳納增值稅，恰當解決了增值稅重複徵稅的問題，也使貼現、轉貼現業務的增值稅稅負更為合理。

　　例如某企業將一張票據送至A銀行貼現，貼現期三十天，A銀行收取貼現息3,000元，須繳納增值稅180元；A銀行將該張票據送至B銀行轉貼現，貼現期二十天，B銀行收取貼現息2,000元，B銀行無須繳納增值稅。由這張票據產生的借款利息總共3,000元，A銀行實際取得1,000元收入，但按3,000元基數繳納180元增值稅，B銀行取得2,000元收入，無須繳納增值稅，顯然對A銀行存在不公。根據58號文，未來A銀行只須就1,000元收入繳納60元增值稅，B銀行就2,000元收入繳納120元增值稅，實現稅收公平。

　　58號文廢止了36號文關於轉貼現息做為金融同業往來免徵增值稅的規定，貼現銀行的貼現息收入增值稅負擔有所減少，只是實務中可操作性較差。貼現當時，銀行向客戶收取全額的貼現息，勢必要向客戶開具全額增值稅發票，銀行納稅申報時並不確定該張票據的持有時間，如按利息收入全額申報增值稅後，又將該票據轉貼現，之前已經申報繳納的增值稅該如何處理，58號文並沒有明確規定。58號文的實際落實，還有賴於後續相關配套文件的發布。

【100】中國大陸台商境外子公司納稅風險分析

中國大陸台商通常會根據境外貿易需求、取得境外銀行信用額度、通過境外公司轉投資等事項,在境外設立子公司。對於該境外子公司取得的境外所得,一般情況下,涉及的流轉稅及附加稅費直接在當地繳納完成,而企業所得稅除須按照當地法律法規繳納外,還涉及中國大陸台商在中國大陸的抵免或補繳事項。

一、境外子公司的境外所得

對於境外子公司的境外所得,根據中國大陸財政部國家稅務總局《關於企業境外所得稅收抵免有關問題的通知》(財稅〔2009〕125號),中國大陸台商於子公司做出利潤分配決定的日期,確認收入實現,對於子公司已經在境外繳納的所得稅稅額,其可抵免限額以「分國不分項」的課稅原則,分別就來源於境外的所得計算抵免限額,例如某國(地區)所得稅抵免限額=中國大陸境內、境外所得依照企業所得稅法及實施條例的規定計算出的應納稅總額×來源於某國(地區)的應納稅所得額÷中國大陸境內、境外應納稅所得總額。

超過抵免限額的餘額,允許從次年起,在連續五個納稅年度內,用每年度該國抵免限額,抵免當年應抵稅額後的餘額進行抵補。如果境內、境外應納稅所得總額小於零,則抵免限額為零。上述計算應納稅總額的稅率一般為25%,即使企業境內所得按稅收法規規定享受企業所得稅優惠,例如台商是高新技術企業,享

受15%的優惠稅率，在計算境外所得稅額抵免限額時所適用的稅率也應為25%。

同時應注意：

1.上述可抵免稅額，是指境外子公司來源於中國大陸境外的所得，依照中國大陸境外稅收法律及相關規定，應當繳納並已實際繳納的企業所得稅性質的稅款，但不包括錯徵、漏徵、先徵後返、稅收滯納金性質支出等。

2.中國大陸台商從與中國大陸訂立稅收協定（或安排）的對方國家取得所得，並已享受免稅或減稅數額時，可視同已繳稅額在應納稅額中抵免。

二、非境內註冊居民企業

另外，根據《關於境外註冊中資控股企業依據實際管理機構標準認定為居民企業有關問題的通知》（國稅發〔2009〕82號），對中國大陸台商境外註冊的子公司，同時符合一定條件者，應判定其為實際管理機構在中國大陸境內的居民企業（以下稱非境內註冊居民企業），並實施相應的稅收管理，就其來源於中國大陸境內、境外的所得徵收企業所得稅，具體條件如下：

1.企業負責實施日常生產經營管理運作的高層管理人員及其高層管理部門，履行職責的場所主要位於中國大陸境內。

2.企業的財務決策（如借款、放款、融資、財務風險管理等）和人事決策（如任命、解聘和薪酬等）由位於中國大陸境內的機構或人員決定，或必須得到位於中國大陸境內的機構或人員批准。

3. 企業的主要財產、會計帳簿、公司印章、董事會和股東會議紀要檔案等,位於或存放於中國大陸境內。

4. 企業二分之一(含)以上有投票權的董事或高層管理人員,經常居住於中國大陸境內。

同時符合上述條件的境外子公司,應主動向主管稅務機關提出申請認定為非境內註冊居民企業,若未提出申請,主管稅務機關可以根據掌握的情況進行初步判定,並層報省級稅務機關確認後,於三十日內抄報國家稅務總局。上述對於實際管理機構的判定,遵循實質重於形式原則。

實際管理機構在中國大陸境內的境外子公司,是否被認定為居民企業,主要差別在於:

1. 未被認定為中國大陸的居民企業,境外子公司可以控制利潤分配的時間,以達到遞延納稅的好處。

2. 被認定為居民企業,須按照分季預繳、年度匯算清繳方法申報繳納所得稅,但由於不再被視同受控外國企業,可以減少關聯交易移轉定價(TP)核查風險。

富拉凱

外資銀行中國業務實務 系列6 授信模式‧合規風險‧外匯

2018年1月初版　　　　　　　　　　　　　　　　定價：新臺幣380元
有著作權‧翻印必究
Printed in Taiwan.

著　　　者	台資銀行大陸從業人員交流協會	
編　　　者	富拉凱資本股份有限公司	
叢書主編	鄒　恆　月	
協力編輯	鄭　秀　娟	
內文排版	陳　玫　稜	

出　版　者	聯經出版事業股份有限公司	總 編 輯	胡　金　倫	
地　　　址	新北市汐止區大同路一段369號1樓	總 經 理	陳　芝　宇	
編輯部地址	新北市汐止區大同路一段369號1樓	社　　長	羅　國　俊	
叢書主編電話	(02)86925588轉5315	發 行 人	林　載　爵	
台北聯經書房	台北市新生南路三段94號			
電　　　話	(02)23620308			
台中分公司	台中市北區崇德路一段198號			
暨門市電話	(04)22312023			
台中電子信箱	e-mail：linking2@ms42.hinet.net			
郵 政 劃 撥 帳 戶 第 0100559-3 號				
郵 撥 電 話	(02)23620308			
印　刷　者	世和印製企業有限公司			
總　經　銷	聯合發行股份有限公司			
發　行　所	新北市新店區寶橋路235巷6弄6號2樓			
電　　　話	(02)29178022			

行政院新聞局出版事業登記證局版臺業字第0130號

本書如有缺頁，破損，倒裝請寄回台北聯經書房更換。　ISBN　978-957-08-5061-1 (軟精裝)
聯經網址：www.linkingbooks.com.tw
電子信箱：linking@udngroup.com

國家圖書館出版品預行編目資料

外資銀行中國業務實務 系列6　授信模式‧合規
風險‧外匯/台資銀行大陸從業人員交流協會著.
富拉凱資本股份有限公司編 . 初版 . 臺北市 . 聯經 .
2018年1月（民107年）. 304面 . 14.8×21公分
（富拉凱）
ISBN　978-957-08-5061-1（軟精裝）

1.外資銀行　2.銀行實務　3.中國

562.54　　　　　　　　　　　　　　　106023546